［美］卡琳·赫特
（Karin Hurt）

［美］大卫·戴伊
（David Dye）著

王琰 译

勇敢文化

挖掘成长型企业的成功秘诀

COURAGEOUS
CULTURES

HOW TO BUILD TEAMS OF
MICRO-INNOVATORS,
PROBLEM SOLVERS,
AND CUSTOMER ADVOCATES

中国科学技术出版社

·北 京·

Courageous Cultures: How to Build Teams of Micro-Innovators, Problem Solvers, and Customer Advocates/ISBN:978-1-400-21953-7.

北京市版权局著作权合同登记　图字：01-2022-4399。

图书在版编目（CIP）数据

　　勇敢文化：发掘成长型企业的成功秘诀 /（美）卡琳·赫特（Karin Hurt),（美）大卫·戴伊（David Dye）著；王琰译. —北京：中国科学技术出版社，2023.7
　　书名原文：Courageous Cultures: How to Build Teams of Micro-Innovators, Problem Solvers, and Customer Advocates
　　ISBN 978-7-5046-9893-3

　　Ⅰ.①勇… Ⅱ.①卡… ②大… ③王… Ⅲ.①企业文化—研究 Ⅳ.① F272-05

　　中国国家版本馆 CIP 数据核字（2023）第 066999 号

策划编辑	赵　嵘	责任编辑	韩沫言
封面设计	仙境设计	版式设计	蚂蚁设计
责任校对	焦　宁	责任印制	李晓霖

出　版	中国科学技术出版社	
发　行	中国科学技术出版社有限公司发行部	
地　址	北京市海淀区中关村南大街 16 号	
邮　编	100081	
发行电话	010-62173865	
传　真	010-62173081	
网　址	http://www.cspbooks.com.cn	

开　本	880mm×1230mm　1/32	
字　数	179 千字	
印　张	9.5	
版　次	2023 年 7 月第 1 版	
印　次	2023 年 7 月第 1 次印刷	
印　刷	北京盛通印刷股份有限公司	
书　号	ISBN 978-7-5046-9893-3/F·1130	
定　价	69.00 元	

沉默不总是金。高绩效组织的创建需要员工勇于表达。本书为打造让员工直言不讳的工作环境提供了方法。遵循本书的指导，你能够吸引一流的人才，更好地服务客户，释放员工创造力，让员工尽其所长。

——丹尼尔·平克（Daniel H.Pink），

《纽约时报》畅销书《驱动力》（Drive）作者

本书为创建勇敢文化，让员工不再沉默提供了非常实用的方法，你只需要做一点改变就能激发创新、解决问题和吸引客户，并且你的员工也能获得最大的利益。

——莉兹·怀斯曼（Liz Wiseman），全球50大管理思想家

想象一下，你对整个团队施以魔法，突然所有的抱怨者都变成了问题解决者，沉默者变成了创新者，旁观者变成了践行者。本书将教会你如何施展魔法。

——凯文·克鲁斯（Kevin Kruse），

《财富》500强企业执行官特约咨询师

本书为领导者制订了一套可操作指南，帮助他们挖掘隐藏在公司内

部的能量和智慧。凭借数据分析和直截了当的方法，本书帮助领导者塑造一种高效的公司文化，保证领导者始终欢迎并鼓励知识渊博的一线员工思考和酝酿伟大的创意。面对商业环境中不断变化的客户期望和快速变化的竞争力量，所有领导者都需要拥有这一宝贵资源。

——兰迪·奥斯特拉（Randy Oostra），

美国普惠医疗集团（ProMedica Health System）总裁兼首席执行官

当今时代充满了不确定性，勇气是所有高效领导者必不可少的品质之一。如果无法在公司内部创建勇敢文化，领导者就无法带领公司抓住变革带来的发展机会。本书介绍了一些简单的步骤，帮助领导者创建勇敢文化，鼓励员工畅所欲言、聪明地冒险、创新、成为问题解决者，并在瞬息万变的商业环境中抓住竞争优势。

——苏尼尔·普拉沙拉（Sunil Prashara），

美国项目管理协会（PMI）总裁兼首席执行官

难道我们不应该创建一种员工能够畅所欲言、说真话、解决问题并互相监督的企业文化吗？在本书中，赫特和戴伊用讲故事和列举案例的方式介绍了公司应如何承认不足，如何创建员工敢于直言不讳的企业文化，以将公司发展提升到新的高度。

——基伊·米切尔（Kye Mitchell），K力（KFRC）公司首席运营官在飞速发展的世界里，赫特和戴伊介绍了有效挖掘每位员工的创新能力和问题解决能力的方法。书中没有浮夸、华而不实、空洞的理论。本书集合了所有直截了当、经过验证、实用的想法和解决方案。读完本书，你一定会提升自己的能力。

——惠特尼·约翰逊（Whitney Johnson），

《颠覆式成长》（*Disrupt Yourself*）作者

信任是商场的货币。在本书中，赫特和戴伊介绍了诸多极为有用的方法和指南，学习后你可以通过信任和成果的转换打造一家跟上时代脚步的公司。

——戴维·霍萨格（David Horsager），Trust Edge Leadership Institute

（信任前沿领导力学院）首席执行官和畅销书作家

赫特和戴伊在本书中清晰地介绍了任何公司都需要具备的无价的竞争优势——一种鼓励员工畅所欲言、诚实和透明的企业文化。本书不仅介绍了相关的理论，还概括了能够产生实际效果的可行建议。

——埃里克·乔治（Eric George），医学博士，

ERG公司创始人兼首席执行官，《我们：抛弃自我的心态，改变世界》

（*We: Ditch the Me Mindset and Change the World*）作者

不要错过创建开放环境和勇敢文化的机会。本书介绍了符合当今时

代的实用方法，帮助企业领导者创建积极的企业文化，激发员工的创新力热情。当你的员工真正有权分享他们的想法、解决问题时，你会惊讶于他们创造的无限可能。

——珍妮·马特尔（Jeanne Martel），

ClinicalMind（精确思想）首席执行官、联合创始人为什么让员工发声比以往任何时候都重要以及如何让员工发声。

——艾米·C.埃德蒙森（Amy C. Edmondson）

哈佛商学院诺华公司领导力与管理学教授

　　我很荣幸受邀为这本适时且实用的书写序。鉴于近期一些引人注目的企业破产事件，本书的出版可谓异常及时。这些企业的破产一部分原因是需要员工发声的时候，员工选择沉默。当员工无法直言不讳时，企业的问题就会进一步恶化，甚至有可能因此导致破产。本书意图帮助企业创建一种员工可以畅所欲言的企业文化，鉴于害怕表达是人类的天性，所以这样的企业文化在如今就显得尤为重要。作者在书中介绍了一系列简单实用的练习方法，读者可以利用这些练习方法创建一种员工可以畅所欲言的企业文化，让领导者和同事仔细倾听彼此的想法，并采取相应的行动。

　　企业破产的案例比比皆是。值得注意的是，2018年10月和2019年3月发生的波音737 Max飞机事故，无不清楚地表明了员工发声的重要性，在高风险的行业更是如此。我们发现，这两次事件之后，波音公司（Boeing）的生产设备受到了更严格的审查。2019年年中，有消息称，南卡罗来纳州（South Carolina）波音787-8梦想客机的组装工厂强迫工人完成一项过于苛刻的生产计划，这些工人还担心如果自己提出了质量问题，会面临失业的风险。尽管这里不是失事的737Max飞机的生产地，但南卡罗来纳州工人的经历表明了一种职场现状，即员工普遍认为直言不讳不会赢得上司的赞赏，反而会遭到报复。737Max的飞机事故和由此引发的媒体关注给波音公司敲响了警钟，此次事件以波音公司的首席执行官于2019年12月下旬离职而告终。波音公司需要修复的不仅仅是技术。当今的许多公司和波音公司一样，都需要彻底扭转公司的文化。由于缺乏卡琳·赫特和大卫·戴伊所谓的勇敢文化，波音公司面临着放任错误和错过改进机会的巨大风险。

为什么在职场中很难直言不讳

若想弄清楚为何企业有必要建立勇敢文化，以及企业建立勇敢文化为何如此困难，首先，我们必须考虑即便当某个产品明显地威胁到人类安全的时候，为何员工依然会选择保持沉默。就像波音公司的例子一样，在如此重要的时刻，为何一场可以避免的事故最终依然会发生？

答案在于我们的共同心理。人都很擅长规避风险。这对人类而言是有利的，尤其是对飞机工程安全系统或医院防止手术部位错误等问题。但问题在于，我们更在意的是人际风险而不是技术风险。

这是人的天性。我们都不想得罪人，也不想成为预言坏消息的卡珊德拉（Cassandra）[①]。所以，当我们说"我不知道该怎么办"时，我们不想被别人认为很愚蠢。当我们指出质量问题时，也不想因此而遭到训斥。即使没有欺凌者，领导者也没有明确表明不接受不同意见，我们还是会认为批评是粗鲁的，人们都不愿意接受不成熟的意见，以及寻求他人的帮助会遭到轻视。

此外，人类会自发地高估当下的舒适感、安全感和归属感，并且自发地低估未来可能发生的失败，认为某些挫败永远不会发生。心理学家用"缄默效应"这一术语描述这种认知，这种认知使人即便在安全受到威胁的时候依然缄口不言。

最重要的是，大多数企业的激励措施既不鼓励员工直言不讳，也不利于领导者听到员工的这些言论。正如斯坦福大学

---

① 希腊、罗马神话传说中的凶事预言家，但其预言不为大众所信。——译者注

的鲍勃·萨顿（Bob Sutton）所说，"领导者往往沉浸在自己构建的虚幻的幸福之中"。所谓的"缄默效应"会导致下属委婉地表述坏消息，或者完全隐瞒坏消息，这样下属便能在公司谋得更高的职位，前途也就更乐观。

选择勇气还是心理安全

在本书出版之前，众多管理学的文献已经颇为关注"勇气"一词。我们可以肯定地说，在职场中，勇气从未像今天这样受人追捧，也从未像今天这样极具挑战性。随着越来越多的人思考在工作中直言不讳这一问题，与心理安全相关的概念也引发了不少学者和实践管理文献的空前关注，"心理安全"这一术语的出现次数呈指数级增长。我出版的关于该主题的书《无畏的组织：构建心理安全空间以激发团队的创新、学习和成长》（*The Fearless Organization*）也出人意料地广受欢迎。我认为，人们对这一主题的关注，反映出人们越来越认识到当今的职场更需要员工协作、解决问题和应对意想不到的挑战，而这都需要员工能够毫不犹豫地做到直言不讳。无论是在办公室里领导一个团队还是在医院照顾患者，心理安全都有助于员工进行交流、实验以及畅所欲言。

在这场关于直言不讳的积极对话中，我们发现心理安全与勇气之间的矛盾是可以理解的。心理安全是否会抵消对勇气的需要？抑或是，勇气是否会抵消对心理安全的需要？对于这两个问题，我们都可以斩钉截铁地回答"不"。心理安全和勇气是同一枚硬币的两面，二者都非常重要。在一个复杂而不确定的世界中，我们不仅现在同时需要心理安全和勇气，未来也依旧如此。在本书的第一章中，赫特和戴伊将勇敢文化定义为一种员工可以畅所欲言的文化。我对心理安全的氛围有着相似的定义，即一种人们相信自己可以畅所欲言的环境。简而言之，在现代职场中，坦率既具有挑战性，同时也至关重要。然而，培养员工坦率的品质就像管理一个村庄一样，需要多管齐下，共同努力。

我们无法回避这样一个简单的事实：想要做到直言不讳非常困难。因此，想要员工发声，需要领导者和员工的共同努力。从实际意义上讲，心理安全的氛围与勇敢文化基本是一回事，这两个术语都描述了一种欢迎员工发声的工作场所。即便在这样的工作场所，直言不讳依然不是一件容易的事（有人会觉得这未免要求过高）。但实际上，在这样的工作场所，尽管员工保持沉默，但他们也都明白自己的发言会受到期待和重视。

心理安全和勇敢文化二者的根本区别在于侧重点不同。当我们强调心理安全时，我们就有可能将责任直接推到领导者的身上，无论是团队还是公司的领导者，都要尽其所能地为员工创造一个能够直言不讳的工作环境。反之，当我们强调勇气时，实际是把焦点放在了员工个人身上，希望他们能够主动分享他们所看到的、想知道的和担心的事情，尽管员工可能会因为其中的利害关系而感到焦虑。在这种情况下，要求那些被低估的或者是薪酬偏低的员工偶尔做出英勇的表现可能会存在一定风险。

在我看来，若想建立一个能够畅所欲言的工作环境需要员工和领导者双方共同的努力。领导者必须竭尽全力地鼓励和邀请员工发声。从员工的层面而言，尽管有所畏惧，也要尽自己所能勇敢地发声。然而，不可否认的是，充满勇气更令人叹服。谁不想被认为是一个勇敢的人？

仅仅是出于这个原因，我对本书充满期待。赫特和戴伊为西西弗斯式的探索注入了新的能量，提供了新的方法，意在鼓励所有员工在自己的公司发声，从而打造能够在21世纪蓬勃发展的公司。大量的学术研究表明：当员工相信他们可以在工作中畅所欲言时，公司的学习氛围、创新能力和业绩表现都会更好。如果员工认为自己的发声受到欢迎，团队和公司的表现就会优于同行。

打造一支勇敢的团队

本书介绍了如何打造一支由充满热情的学习者和问题解

决者组成的团队，当今的职场也迫切需要打造此类团队的模式。其核心是鼓励员工发声的一种思维模式，无论员工传达的是好消息、坏消息还是令人费解的消息。最开始这种思维模式只是好奇心，随着对某个令人信服的目标的热情，逐步发展成成熟的思维模式。这种思维模式会使领导者做出鼓励和欢迎员工发声的领导行为。

正如你将在本书中读到的那样，想要在企业建立勇敢文化，领导者首先要有决心致力于此。领导者必须开始分享（并经常谈论）某个清晰的、令人叹服的目标。在此基础之上，领导者才能在团队正式的会议或非正式的交流中，通过反复真诚地表达希望员工发声，创建勇敢文化。但是，如果领导者无法做到用欣赏、富有成效和前瞻性的方式回应员工的发声，员工的勇气很快就会被扼杀。本书介绍了如何立即开始实施重要的领导行为。赫特和戴伊提供的框架囊括了此前相关主题的作品中提出的诸多高水平的建议。幸运的是，阅读完本书后，你还能根据这一框架，制订在当今所有工作场所都可以使用的实用的、连续的、可操作的方案。

即使让员工发声依旧很难，但还是能够找到行之有效的方法的。本书提供了一种方法。满怀激情地采纳这一方法的领导者，会为建设公司需要的和员工想要的工作环境做好充分的准备。

目录 ━

第一章

勇敢文化

概述

———

"为什么我是公司里唯一一个意识到这些问题的人？公司领导到底怎么了？为什么他们无法意识到并解决这些问题？""我们想出了很多让员工表达自己想法的方法，但为什么他们还是不表达呢？""虽然我的直属下属总是与员工交流，但为什么得到的都是一些毫无价值的信息？"

你有没有发现自己总在反思这些问题？你经过不断努力，终于找到了每个人都可以从中受益的最佳解决办法，但此前，从未有人，即便是那些稍微留心就能发现这些方法的人也没有意识到这种方法。又或者是，你发现了一个存在多年的明显问题，但在此之前没有人愿意告诉你。或者你建立了一套最先进的建议系统，但却没有员工提出任何建议。一直以来，我们从合作的领导者那里反复地听到他们抱怨这些问题。

但有意思的是，如果你与同一家公司的一线员工交谈，你会经常听到这样的表述：

- 这种变通的方法才是满足客户需求的唯一方法。我已经这样做了很多年了，这也是客户喜欢我的原因。不过，这不是标准流程，所以我低调行事，希望我的领导不会发现。

- 领导说他们想要知道我们的想法，但没有做出任何的改变。我已经不想再多说什么了。

● 每当总部的大人物来参加焦点小组讨论时，我的领导都会警告我们只谈论好的方面，这样他们就不会发现我们有任何怨言。

我们想知道，大家为什么不在一家公司却如此"默契"地遇到了一样的问题？员工有想法，领导也希望听到员工的声音，这些都说明某个环节确实出了问题。

这种脱节会扼杀创新和解决问题的能力，也会导致员工无法为客户提供超出客户期待的产品或服务。若想取得成功，必须要快速整合整个公司的最佳想法、了解哪些方面出了问题以及如何解决这些问题。但是，如果公司的员工从未向你表达过哪些做法成效突出，哪些做法存在问题，你该怎么办？

对于许多公司来说，阻碍公司发展的原因并非高层领导不敢做出重大决定，而是由于错失了成千上万个小机会导致不良效应呈指数级出现。之所以会错失这些机会，是因为员工在发现不合适的做法时，没有直接指出这些做法的荒谬之处，又或者员工觉得自己的想法不会被妥善地接纳，所以拒绝分享自己的想法。最优的方法日渐式微，没有员工愿意分享和表达自己的想法。但为什么会出现这样的局面？

员工常常因为说错话而受到批评，却不会因为提出了宝贵的意见而得到奖励，所以他们宁可选择闭口不言。但这会导致非常可怕的局面：客户流失，各种问题层出不穷，员工也会因此失去信心。可悲的是，大多数时候，领导者认为他们已经创造了一个开放的环境，鼓励员工畅所欲言，当他们得知员工依然不敢表达时会感到异常的惊讶。很多时候，员工和领导者都觉得对方并不关心如何才能把公司经营得更好。

欢迎来到勇敢文化的世界

如果你的公司摒弃了自保的沉默，也没有让员工有挫败感，建立了勇敢文化，那么会发生什么？勇敢文化包括：

●公司各个层级的团队不断问："我们如何才能做得更好？"

●领导者有勇气问哪些方面做得不好，并真正地倾听。

●每个人都有信心代表客户发声，把目标置于斗争之上。

以上就是勇敢文化的内涵。大众颇为赞同塞思·戈丁（Seth Godin）对于文化的定义："像我们的人也会像我们一样行事。"正是这种相互理解和相互感知的无形力量鼓励着员工做出相应的行为。所以，勇敢文化是让"像我们这样的人"可以发声的文化。员工表达自己的想法，提出解决问题的方法，都是希望为公司贡献自己的力量。在勇敢文化中，沉默并不安全，努力才是一切。勇敢文化已经超越了员工敬业度的概念。员工都充满活力，全身心地投入工作中。创新不只是高层领导团队或研发人员的职责，所有的员工每天都在创新。

这不是一本讲述大规模创新的书，也并不试图教会领导者如何实现突破性方向转变从而占领新的市场，更不是讲述如何打造一款改变行业规则的产品说明书（尽管本书也可以做到这一点）。这是一本关于如何通过日常创新改善客户体验的书。公司的员工共同意识到，如果认真对待这个问题，便能解决这个问题，于是付诸实践，成功地解决了面临的问题。当公司建立了勇敢文化后，员工会看到由小微创新者、问题解决者和客户代言人组成的团队共同努力，把公司经营得更好。

在本书中，我们介绍了一些领导者、公司和团队的成功案例，他们的共同点在于都成功地将企业文化从安全沉默转变为持续表达自己的想法。医学博士海利（Leon Haley）是美国佛罗里达大学杰克森维尔医疗中心首席医生，也是佛罗里达大学杰克逊维尔分校院长。他告诉我们，如果我们忽视员工的想法或忽略了他们希望与我们交换想法的意图，我们本质上是在邀请他们离开公司并将他们的想法带到另一家愿意倾听他们想法的公司。

桥水基金（Bridgewater Associates）被称为世界上最成功

的对冲基金之一，如人们所期待的那样，它创建了一种极度鼓励公开、开放思想的企业文化，鼓励员工提出批评意见。

乔氏超市（Trader Joe's）不仅在美国常年被评为"最受消费者喜爱的实体连锁零售商"，同时也拥有大批的品牌追随者。像乔氏超市这样的商家，其成功的根本原因在于持续的进步以及所有员工都尽其所能地为客户服务。再比如贝斯卡（Basecamp）公司的创始人贾森·弗里德（Jason Fried）和大卫·汉森（David Hansson），他们都致力于打造一个平静而高效的工作环境，任用"冷静而非疯狂"的领导者。

再比如像综合医疗保健系统WellSpan Health这样的公司，他们非常清楚公司的使命是为所有客户提供卓越的健康护理服务，并持续探索创造性地实现这一目标的最佳方式。

还有像雀巢（Nestlé）这样的企业，通过多样性和包容性打造企业的勇敢文化。

你会发现，即便没有听说过勇敢文化，有些领导者也已经在自己的团队中建立了勇敢文化。在本书中，我们将分享自己建立团队和文化的经验，践行这些经验，员工就能够畅所欲言、解决问题，维护客户的利益。或许更重要的是，你会阅读到许多公司领导者建立勇敢文化的故事和案例。① 我们希望这

---

① 本书中提到的领导者的姓名均为化名。

些故事和案例能够激发你的灵感，激励你在自己的公司或团队中建立独特的勇敢文化。

在这些故事的背后，你会发现需要研究的问题。我们首先来回答那些高管提出的问题，研究领导者的意图和员工体验之间的脱节，并从实践中找出：在工作中如何展现自己的勇气？展现勇气为何如此困难？领导者如何建立由小微创新者、问题解决者和客户代言人组成的团队？最后，你或许已经非常熟悉FOMO（错失恐惧症）这个概念。但在与世界各地的公司合作的过程中，发现了另一种"害怕"——害怕表达，我们称之为FOSU（Fear of Speaking Up）。FOSU是指不情愿、犹豫或恐惧，阻止员工分享解决方案、问题和想法。我们要回答的最后一个问题是，导致FOSU的原因是什么，领导者如何克服FOSU从而在公司建立勇敢文化。

我们与北科罗拉多大学的社会研究实验室（University of Northern Colorado's Social Research Lab）合作研究了这些问题的答案。我们进行了定量和定性研究，并采访了来自世界各地的领导者；与金融服务、医疗保健等行业的公司合作，采访了这些公司各个级别的领导者。此外，在举办演讲会议和领导力研讨会时，我们还邀请与会者与我们分享他们在工作中的勇敢经历。

这些领导者分享的故事中，有的十分具有挑战性，有的让人感到非常挫败，但也不乏鼓舞人心的故事。我们撰写本书就是为了介绍研究成果，详细介绍如何打造以微创新、解决问题和为客户利益代言为核心的企业文化。当我们谈到这个主题时，让我们花点时间解释清楚本书所讨论的创新的问题解决者的真实含义。

勇敢文化所需的三类成员

小微创新者指的是那些始终寻求小而有效的方法来提升业务的员工。比如，某位员工一直想知道，他怎样才能更便捷、更好或更快地完成某些工作？随后，他毫无保留地分享自己学到的东西。又比如，一名培训师发现新员工没有掌握某项关键技能，也并未依赖自己学过的课程，而是建立了一种新的教学和评价方式。再比如，某位团队成员发现了两个团队之间数据传输方式的差异，就构建了一系列共享的资源，让两个团队都能快速找到他们需要的资源。

问题解决者是那些关心哪些方面出了问题并希望能够解决问题的员工。这类员工能够发现问题，公开谈论问题，并批判性地思考如何解决出现的问题。问题解决者关心公司，视公司的事情为自己的事情，并专注于寻求解决方案。

比如，一位视频制作人，供职于某家发展势头较好的营销公司，她说："公司中有21种不同的方式对项目进行管理和相互沟通。但实际上我们把时间和金钱都浪费在做重复的工作上，错误地处理了很多事情。如果只保留其中的3种方法，不仅会节省不少成本，也能够吸引更多的客户。"之所以出现这样的情况，是因为团队无法从自己的数据库中获取所需的信息，但他们拒绝改变，默许这样的工作方式。但问题解决者会亲力亲为，与信息技术部门和领导者共同合作，直到找到解决方案。

客户代言人是从客户的角度出发看问题并为客户发声的员工。我们所讲的客户可能是你的顾客、学生、患者，或者对于公司内部的保障人员来说，客户就是同事。客户代言人积极探索提升客户体验和减少客户不满的方法。比如某位护士观察到，患者如果了解了自己正在接受什么治疗会更加放松。所以，他建议诊所修改诊疗程序，每一次与患者交流时都要说明要做什么治疗以及为什么要做这些治疗。再比如，当某位工程师收到客户的订单说明时，发现该项目早已经落后于预期的进度。于是，她向公司提议采用全新的客户接收流程，帮助客户在洽谈的过程中更早地明确自己的需求。

我们生活在一个瞬息万变的世界，勇敢文化能够提升公司的竞争优势，增强公司客户的"黏性"，减少人员的流失。

如何使用本书

本书实际上是一本团队互动的练习手册。你可以直接通读本书，但是只有你和你的团队共同花时间阅读本书的所有章节，共同完成每章结尾处的练习，探讨团队并践行后续章节提出的建议时，本书才能发挥最大价值。

章节介绍

在第二章中，我们将讨论在当今这个前所未有的变革时代，勇敢文化为什么具有如此巨大的竞争优势。在第三章中，将介绍我们的研究结果，了解是哪些因素阻碍了员工直言不讳，继而为找到克服这种阻碍可采取的措施奠定基础。在第四章和第五章中，论述的重点将转移到你自己身上，阐明领导者需要克服哪些阻碍建立勇敢文化的因素，继而教你如何拥有建立勇敢文化的勇气。在第六章中，我们将着重论述勇敢文化如何在实践中发挥作用，以及采取哪些措施能够践行勇敢文化。第七章至第十一章介绍了打造勇敢文化的具体方法。第十二章至第十四章回答了有关如何构建支持勇敢文化的机制和基础制度，如何领导不同类型的反对建立勇敢文化的员工，以及如何帮助公司领导者建立勇敢文化。

当你阅读和讨论完本书后，你一定会发现自己已经掌握了勇敢文化的理念和方法。你会认为："在某某章节中，两位作者应该来采访我们的团队，我们有一些更棒的做法！"与此同时，你要庆祝自己的收获，并探索加强这一势头的方法。当你尝试一些自己不太熟悉的新想法时，本书能够为你提供帮助。

"首次尝试练习"模块介绍

当阅读本书时，你可能会读到一些新的理念和方法，这些理念和方法让你感觉自己身处未知的领域。假如你是一位滑雪爱好者，在刚刚下了一夜的大雪之后，你坐上了上山的第一辆缆车，便可以在积雪中留下第一条雪板划过的痕迹；或者，你也有过类似的感觉，就像一个孩子在潮湿的沙滩上跳出了第一条足迹，你的朋友便可沿着这个足迹前行。这就是为什么我们在本书中设计了"首次尝试练习"模块，它可以帮助你轻松地踏上创建勇敢文化的征程。

在前五章打好理论基础之后，第五章及后续所有章节的结尾处都设置了首次尝试练习模块。此外，后续的章节也介绍了一些可以在团队中建立勇敢文化的工具、最佳范例和方法。这些方法前后依托，互为基础，所以我们建议你按顺序阅读本书。我们衷心地希望你先从小事做起，在真正开始踏上勇敢文化的征程前，先进行几次试点试验，继而对整个公司进行全局的考虑。

第二章

勇敢文化对零工经济
和人工智能世界的影响

———

　　大多数公司和政府机构正面临着几个世纪
都未曾有过的困境……这不仅仅是由于技术、
渠道或竞争对手等某个单一因素的改变，而是
各方因素同时改变的结果。

——史蒂夫·布兰克（Steve Blank），

斯坦福大学创业管理教授

如果你的公司存在重复性、常规性或在可预测环境中模式化的工作；如果你的公司还未实现自动化，那么你将面临自动化带来的竞争压力。技术正在使许多产品和服务商品化，也逐步取代了一些简单的工作。据皮尤研究中心（Pew）的一项研究表明：专家预测，到2025年，人工智能的机器人和数码信息代理人将取代许多蓝领和白领的工作。

越来越多的餐厅正在改变点餐方式，使用平板电脑点餐；银行的客户更偏向于在线上完成简单的交易，所以银行也逐步关停了许多网点；甚至连患者到医院就诊的次数都因远程的在线医疗而减少了不少。在某些情况下，你的客户可能会因效率的提高而感到满意，与此同时你也可以节省不少的时间和金钱。随着自动化的普及，优质的服务和产品成为默认的市场准入条件，你如何使自己的公司从竞争对手中脱颖而出？

在自动化革命中，企业得以生存和发展的秘诀在于计算机无法替代的因素，比如人类的创造力、同理心和批判性思维，这些因素在不可预测的环境中显得尤为重要。想要在自动化革命中取得领先地位，靠的不是你所能控制的因素，而是你能创造和贡献的因素。你的员工是否会频繁地因为创意、同理心和解决问题而发声？对于大多数企业而言，这个问题的答案是"还不够频繁"。作为领导者，如果你想要占据竞争优势，就必须挖掘团队成员的潜力去做人最擅长的事情，即建立人际关系和具有批判性思维。

建立人际关系

计算机或许可以"思考"，但却无法像人一样感同身受。因此，需要同理心的工作不能交付给计算机完成。只有人类才能密切关注挫折点，并找到改进的办法。例如，你的客户会因为哪些事情生气？你的团队又因什么烦恼？为什么你的团队成员士气如此低落？你需要做些什么才能真正改善这一切？人工智能不只会影响员工，也在改变员工对领导者的信任和与领导者的交往方式，而人际关系是导致这些变化的根本。一些员工更喜欢通过人工智能（即语音助手聊天机器人）获取有关公司政策、健康保险和剩余假期等主题的信息。这些是机器擅长的领域：快速提供准确的信息。但员工依然会向人力经理求助，因为人力经理能够理解他们的感受、给予员工有关职业生涯的指导、打造公司的文化。在人际交往方面，任何人工智能都无法取代人类。

具有批判性思维

假设人工智能系统告诉你，你有37000位客户对最近的交易打差评。这是非常重要的数据，但接下来你会采取什么措施？人类可以从自己的角度理解当下的情况并努力解决问题。你的团队是否具备在这个方面做出贡献所需的技能？

当简单的工作实现了自动化后，公司领导者是否知道如何从团队中找出最佳的解决方案？一线员工是否能够感觉到公司鼓励他们畅所欲言，分享解决方案？公司的各级员工是否具备批判性思维的能力，从而找到问题的根本原因？很多公司的领导者都和你一样，也不确定这些问题的答案。普华永道会计师事务所（Pricewaterhouse Coopers）近期针对首席执行官展开的一项调查显示：77%的首席执行官表示他们很难找到公司所需的创造力和创新点。当你建立了一种利用人际关系来解决问题、响应客户和适应变化的动态文化时，便能为公司在自动化革命中的生存和发展奠定坚实的基础。

吸引和留住顶尖人才

零工经济也卷入了人才的争夺战，所以你的团队中的成员比以往任何时候都有更多的选择。每个月，25%～30%的员工通过短期合同或从事自由职业获得收入，而且这个群体的人数还在扩大。员工日渐重视工作的灵活性，加之雇主也在利用零工工人降低人力成本，致使零工经济呈现出扩张的趋势。谈到未来的人才，Z世代①（Generation Z）的青年被称为是创业的一代。盖洛普（Gallup）一项针对5年级到12年级学生的调查显示（多选）：77%的学生想自己当老板，41%的学生想成为企业家，几乎一半的学生想要做出改变世界的发明。

千禧品牌（Millennial Branding）所做的一项研究表明：43%的大学生在毕业后宁愿创业，也不愿找工作。为什么？许多千禧一代②和Z世代的青少年看着他们的父母在经济萧条时期挣扎于裁员和沮丧之中，所以他们不屑于为某个雇主打工。此外，有榜样证明他们也可以在年轻时成为一名伟大的企业家，作为"数字原生代"③，他们会毫不犹豫地选择与全球各地的人们合作，帮助自己取得成功。

如今，员工只需单击一下鼠标，便可深入地了解你的公司的文化和领导力。加之远程办公又使换工作变得更加简

---

① Z世代指1995—2009年间出生的一代人。

② 千禧一代指大约出生在20世纪80年代与90年代的青年人，与中国本土的80后、90后在代际概念上很相似。

③ 数字原生代指的是20世纪80年代以来出生的年轻人，自幼就熟悉信息技术。

单，公司里最优秀的人才也始终面对着自己当老板的诱惑。公司里最勇敢和最有创造力的员工一定不希望自己一直坐在小格子间里听候别人的指挥。他们希望与人交流、协作、解决更大的问题。他们想要发声，想要像企业家一样思考，想要学习在商场上竞争的技能。所以，零工经济实际是人才的争夺。

随着零工经济和人工智能时代的到来，技术和自动化的普及，囊括社会智慧、创造力和对不可预知的环境做出反应的能力，勇敢文化比以往任何时候都更有价值，因为它能使你的产品或服务脱颖而出，也能吸引和留住顶尖人才。

不容失败的工作环境更需要勇敢文化

或许，你可能想要了解，假如员工遵循固定的流程工作，勇敢文化如何起作用。我们经常听到这样的话："我知道员工不想一直坐在小格子间里听候指挥，这就是为什么他们称此为工作。但我们从事的是高风险业务，决不允许失败。如果搞砸了，员工就会失业。"你仍然可以找到许多分级管理、自上而下的管理以及照吩咐做事的管理的例子。有些酒店二十多年从未更换过家具，我想你一定不想住在这样的酒店。不过，公平地说，在许多行业中，固定的流程至少能够保证不出错。

你肯定不希望空中交通指挥员尝试用新的方式与飞行员

沟通。你也肯定想让为你进行手术的团队按照既定的流程做手术，从而确保他们能找到正确的手术部位，确保使用正确的麻醉方式，并尽一切努力防止感染。在某个故障率不能超过0.0005%的行业中，一位工程主管告诉我们："工作时不容任何闪失。"

即便是始终如一地遵循固定的流程并且要确保最大限度地降低风险，也并不意味着只能盲目服从命令。恰恰相反，在这些风险高且容错率低的工作环境中，更需要勇敢文化。某个行业的风险越高，就越需要员工有勇气在问题变得严重之前提出问题、找准问题、解决问题以及改进流程。

勇敢文化是否适合你

如果你所从事的行业没有直接受到人工智能或零工经济的影响，你可能更想知道勇敢文化对你的公司是否有意义。在美国大萧条期间，大卫曾是一家慈善服务组织的高管，这个组织主要为弱势的年轻群体提供服务。这一组织就丝毫不受人工智能的影响，因为他们全靠慷慨的财政捐款来维持与数千名客户的合作。在2008年和2009年，和大多数慈善组织一样，由于经济的衰退，他们的收入也随之减少。

同时，部分知名的非营利组织被曝涉及财务管理不善和欺诈案件，相关的资助机构和捐助者要求这些组织建立问责制度、提升工作效率以及增强资金使用的透明度。虽然这些转变使得不少慈善组织得到了提升，但也给资金短缺的组织带来了沉重的负担。

鉴于收入不断减少以及业绩提升的压力，大卫的团队找到了一种方法，不仅将组织服务的客户数量增加了近一倍，还提升了组织的长期业绩。但这并非因为大卫的创意。两年前，一位名叫曼纽尔（Manuel）的区域主管经过和团队长期的讨论后，提出了一个想法。大卫为曼纽尔和他的团队提供了试验这个想法所需的空间和资金（我们将在第十章详细讨论如何处理那些可能行之有效的想法）。不到三年，曼纽尔的想法被应用到整个组织的各个团队。两年后，这一想法被推广至全国的各级机构，不仅增加了客户的数量，也提高了机构的收益。

若想真正发挥勇敢文化的作用，领导者也需要付出大量的努力。当你阅读本书的前几章衡量勇敢文化是否适合自己时，我们建议你通过回答下面的问题，来思考不断变化的技术和劳动力以及你招揽、留住和激励的员工会带来哪些影响。在下一章中，我们将更深入地探讨勇敢文化的研究成果，为你未来建立勇敢文化打下基础。

深度思考

- 技术如何影响你的客户体验（包含外部客户和内部客户）？现在哪些方面得到了改善？哪些方面依然经受考验？你是如何知道的？

- 在未来三到五年内，技术将对你的行业带来哪些改变？未来的五到十年又会带来哪些改变？

- 员工如何为公司创造独特的竞争优势？

- 你的员工是否会频繁地因为具备创造力、同理心和解决问题的能力而直言不讳？

- 在人才的争夺中，公司文化的哪些要素吸引潜在员工想要成为公司的一员？

第三章

如何使勇气
发挥作用

我可有勇气搅乱这个宇宙？

——托马斯·斯特尔那斯·艾略特

（T.S.ELIOT）

如何在工作中彰显自己的勇气？彰显勇气为何如此困难？领导者如何建立由小微创新者、问题解决者和客户代言人组成的团队？对此，你或许有自己的观点，但我们首先要分析相关的研究结果。

员工沉默的原因

论及工作的勇气，所有人都会先想到哈佛商学院诺华公司领导力与管理学教授艾米·C.埃德蒙森。埃德蒙森曾撰写并出版了《无畏的组织：构建心理安全空间以激发团队的创新、学习和成长》。她描述了人们在工作场合中直言不讳、质疑某个想法、表达不同的观点或揭露错误时，是如何表现出勇气的。正如埃德蒙森所说，这些行为都需要勇气，因为"避免失败"是人的天性，所以人都害怕因为自己的直言不讳而失去地位、被贴上某种标签或不受大家欢迎。在公司建立勇敢文化之前，在工作中，员工普遍奉行一种心照不宣的逻辑，即安全沉默总好过事后后悔。

但为何员工更倾向于自保的沉默，而非对公司长久的贡献？从人类心理学的角度来看，大体有以下三点原因。第一，因为人们总是低估直言不讳未来所能带来的好处，而高估其在当下的风险。心理学家用"忽视将来"这一概念来形容这一现象。因此，人们很容易说服自己不要直言不讳，不要因为害怕别人认为自己是傻瓜而冒险，损害自己的声誉。贾森·弗里德是贝斯卡的联合创始人及《重来3：跳出疯狂的忙碌》（*It Doesn't Have to Be Crazy at Work*）一书的联合作者。在和他的对话中，他解释说，领导者如果希望员工贡献更多的想法，希望员工创造性地处理问题，就需要明白员工之所以很难做到直言不讳，是因为说真话是有风险的，公司激励员工说真话的机制还有欠缺。领导者不能置身事外。

第二，心理学家所谓的"责任扩散效应"使得员工很容易选择安全沉默，更愿意说服自己不要说真话。换句话说，员工发现某些问题，但他们知道其他员工也发现了这些问题，这时所有员工都认为会有人指出这些问题，但最终所有人都一言不发。

第三，导致员工选择安全沉默的原因是人往往更容易记住糟糕的情绪体验，而非好的情绪体验。从生存的角度来看，员工做出这样的选择也非常合理，关注潜在的威胁有助于规避未来的风险。正如人在面对威胁时会产生"战或逃"的生理反应一样，团队成员更会记住消极因素从而妨碍他们为团队积极地献言献策。即便在他们的职业生涯中，有十次因为发表了积极的言论而获得了良好的结果，但他们最有可能记住的是有一次他们遇到了一位不靠谱的领导差点使自己丢了工作，仅仅是因为自己的言论使领导难堪。

虽然人的这些天性致使企业很难在内部建立勇敢文化，但这也并非一成不变。企业也依然可以改变企业文化，将安全的沉默转变为持续的贡献。我们为此做了大量的研究，试图归纳出人类为何会表现出这些天性，并找出帮助企业打造勇敢文化的现实路径。我们发现了员工不公开提出解决方案、不提议微创新，不为客户争取利益主要是由于以下五点原因：

（1）员工认为领导者不需要自己的想法。

（2）无人问津。

（3）员工缺乏表达的信心。

（4）员工缺乏有效的表达技能。

（5）员工认为即便表达了自己的观点，也不会带来任何改变，所以就无须多此一举。

接下来，让我们进一步分析这五点原因。

（1）员工认为领导者不需要自己的想法。高管、经理和员工分别描述了当他们向老板汇报自己认为能够提升公司业务的一个好的想法和一份可行的计划时，会发生什么。大多数情况下，老板都会赞同他们提出的概念，也认为他们的想法和计划都是可行的，但最终还是告知他们，回去按照原来的方式工作。

41%的受访者表示领导层不重视创新，67%的受访者表示领导层的工作理念是"我们一直都是这样做的"。

为什么这一点如此重要？因为如果员工认为领导者不需要他们的想法，便不会费心费力去表达自己的想法。这些员工虽然仍在思考，但他们不是在为公司的业务思考，而是开始做兼职，精进自己的爱好，或者计划自己下一步的行动。

（2）无人问津。员工表示，他们之所以不表达自己想法很重要的一个原因是"没人问过"。令人惊讶的是，49%受访的员工表示，没有人经常问他们的想法。35%的员工表示，在最初接受岗位培训时，从未被询问过自己的想法。

许多受访的领导者告诉我们：他们承认一线员工的微创新和客户服务的提升对于企业的成功至关重要，但许多公司却未曾建立起定期征求员工意见的长效机制。

为什么这一点如此重要？因为领导者可能认为自己制定了开放的政策或者公司有一套先进的建议系统，就已经是在征求大家的意见了。但实际上这还不足以让大多数员工觉得公司或管理层在真诚地邀请他们分享自己的建议。定期询问员工具体的见解和想法才是真正的广开言路。

（3）员工缺乏表达的信心。40%的受访者表示，他们缺乏表达自己想法的信心。考虑到不仅仅是一线员工，甚至连领导者也经常说他们被告知要埋头工作，员工缺乏表达想法的信心也就不足为奇了。

- "我不是雇你来管理公司的。"
- "你不需要考虑这些。"
- "我并没有问你的想法。"
- "问题在于我们已经有非常多的想法了，不需要别的想法了。"

为什么这一点如此重要？因为员工想要保持安全的沉默再容易不过了，员工也更容易记住感受到压力的时刻，而不是他们直言不讳表达自己想法的时候，也不是他们的想法被听到的时候。从不良的管理行为到家庭给他们带来的不安全感等方方面面的原因都会使员工失去信心。作为一名领导者，你需要仔细地探明究竟是什么扼杀了员工的勇气，并努力消除阻碍团队成员表达自己最佳想法的有形和无形的障碍。

（4）员工缺乏有效的表达技能。在许多情况下，员工根本不知道用什么样的方式表达才能被听到。"事后看来，我的研究还不够透彻。""我觉得从我的职责来看，我有点儿过分热心了。我有很多想法，但我觉得领导可能会认为我自大和挑剔。"

有趣的是，45%的受访员工表示他们的公司目前没有组织过解决问题和批判性思考相关的培训。

为什么这一点如此重要？因为即使你正在招聘经验丰富的经理，他们也很可能没有接受过批判性思考、解决复杂问题或鼓励团队进行微创新和解决问题的培训。而大多数人天生并不具备这些技能。作为领导者，如果你希望员工能够主动发现问题、解决问题或找到更多创新的解决方案，就必须为他们提供相关的培训。如果希望员工能够维护客户的利益，就需要培养他们相关的技能，让他们知道如何从平衡的商业角度做好这件事，并设定相关的指标帮助指导员工的决策。

（5）员工认为即便表达了自己的观点，也不会带来任何改变，所以就无须多此一举。有位金融服务行业的高管指出：即使是一些效益最好的公司也面临这样一个最重要的问题——员工始终认为自己的想法会被忽略。许多受访的经理也表达了相同的观点。

员工可能会就某一观点发声一到两次。如果无人理会，他们会不可避免地发现领导者不重视其想法的问题。领导者会感叹："我的天呐，为什么我们没有意识到这一点？"随后领导者会听到员工给出这样的反馈："我们确实看到了，并告诉了某某，但他没有采取任何的行动。"

受访的员工中，有50%的人认为即便自己表达了一个想法，也不会得到领导层的重视。56%的员工表示，他们之所以不愿意分享自己的想法，最主要的原因是担心自己的想法不被认可。

为什么这一点如此重要？因为作为领导者，你可能会征求员工意见，甚至也采取了一些相关的行动，但如果没有落实到位，员工会认为你没有做出任何的改变。没有人希望自己表达的观点不被认可或不被重视。停止试错，并将自己的精力转向自己认为有益处的地方是人类的天性。我们的研究对象不乏聪明、有创造力的人，甚至也有很多高管，他们经过一番深思熟虑之后决定不再提出新的想法，因为觉得这样做纯属浪费时间。

勇敢文化的意义

除了定量研究外，我们还在有关"勇敢文化"的所有研究中不断地询问高管、经理和一线员工：你在工作中做过的最勇敢的行为是什么？我们向来自非洲、欧洲、中东、亚洲和美国的受试者都提出了这个问题。答案惊人的一致：

- "我反驳了我的领导。"
- "我辞掉了表现不佳的人。"
- "我表达了没人想听到的真实信息。"

- "我保护同事不受欺负。"
- "我提出了一个不受欢迎的观点。"
- "我摆脱了糟糕的处境。"
- "我为我的职业生涯而努力。"
- "我拒绝了某位客户。"
- "我重回学校读书。"
- "我换了一个新职位。"

与头版新闻报道中的揭露内幕、面对严重的道德问题以及威胁到职业生涯的后果相比，这些事情都无法称得上是真正的"勇气"。而这些故事中的主人公则彰显了平凡时刻的勇气，为了企业、团队或客户的利益，他们选择承担小的、棘手的风险。

当我们问："这次勇敢的行为让你感觉如何？"时，答案也非常一致：

- "极好。"
- "松了一口气。"
- "更加坚定。"
- "自豪。"
- "我等了这么久真是太愚蠢了。"

即便是微小的勇敢行为也能在更大层面上开拓创新、解决问题、提供卓越的客户体验。这就是勇敢文化的力量。

勇敢的小举动为勇敢文化奠定基础

作为领导者，你应该先做点什么？哪些勇敢的小举动能够为勇敢文化奠定基础？

适当地表现自己的脆弱

脆弱有助于建立信任。你的员工也会理解他的上司也只是一个普通人。让员工了解真实的你，承认作为上司你也会犯错、承认你并非无所不知。适当的示弱有助于建立信任和联系。

管理绩效

最让效率高的员工崩溃的便是领导对偷懒的员工睁一只眼闭一只眼，放任自流。领导者要勇于不断地进行绩效反馈，直接解决绩效相关的问题。如果你能尽早开始进行绩效管理，就会大大降低需要处理真正困难的事情的概率，比如解雇某位员工。

为团队争取利益

当员工抱怨"我的领导是个懦夫"时，通常是因为他们的领导没有为团队的想法或需求发声，即便领导表面同意。这样一来，当领导被要求进一步地解释或质疑某个想法时，员工们就会退缩。如果你不能为团队争取利益，团队的成员就会思考他们为什么需要你这个领导。

妥善开展试点项目

受访的员工表示，他们的领导者缺乏勇气的另一个重要原因是他们的领导者不愿意尝试新的想法或方法。如果"过去的做法如果有用，就依然采取过去的做法"是领导者最常说的一句口头禅，那么学习如何妥善开展试点项目的方法，则可以大大提升领导者的勇气，减轻领导者的压力。

及时做出决定

没有人愿意做徒劳无功的事情。作为领导者，要敢于做出决定并坚持自己的决定。如果你无法做到这一点，可以寻求团队的帮助。

共享荣誉

在我们的研究中，最令人惊讶的发现之一是，员工之所以不愿分享自己的想法，主要是因为他们不会因此而得到认可。员工不被认可势必会导致公司无法建立创新文化。

员工的沉默会影响公司的发展

一旦员工保持沉默，公司就会在有缺陷的项目上亏损，不会实现创新并且客户服务也有失水准。这些公司的员工会因为没有表达意见的意愿而出现士气低落和离职率较高的情况。非营利性企业也会出现同样的情况，客户服务和节约资金的效率对于这些企业的生存至关重要。

盖洛普的调查数据显示，在美国，只有30%的员工认为公司很重视他们的意见。但如果将这一比例提升至60%，那么公司的人员流动率可以降低27%，安全事故减少40%，生产效率提升12%。简而言之：员工未表达的想法对公司而言至关重要。这些想法大多都不是自私的想法，比如在休息室的桌上放康普茶或桌上足球等。事实上，当领导者询问员工会有哪些建议时，员工经常能够给出更利于公司发展的意见：

- 流程的效率。

- 员工的绩效。

- 客户服务。

特别是在劳动力紧张的行业中，更不应忽视人员流失带来的影响。55%的受访者表示，如果领导者不重视他们的意见，他们会开始寻找新的工作。67%的受访者表示，如果公司的领导者能够回应他们的想法，会增强他们继续为公司工作的意愿。大量的研究表明，当员工觉得自己可以畅所欲言——表达意见和指出问题时，会收获更高的满足感，并且他们几乎不会离职，工作业绩也会随之提升。

如何使勇气发挥作用

埃德蒙森指出，当同事之间相互信任和尊重，并且认为彼此能够，甚至有义务做到坦诚相待时，便会产生心理安全感。其中的转变在于：员工不只是"能够"说出他们看到的事实或提出想法，而是认为自己"有义务"这样做。拥有勇敢文化的公司使分享和畅所欲言成为常态，而非是一种需要被容忍的行为。而这与真正的勇敢文化的相悖之处在于，在日常对话中不需要如此的勇敢。

这种信任从何而起？

当然是从你自己开始。改变公司的文化需要勇气，但这才是领导者真正要做的工作。勇于改变、面对，勇于展现自己的脆弱。你的勇气是促使公司形成勇敢文化的动力。一旦公司形成了勇敢文化，每位员工都明白公司需要、重视并且会实施他们的想法，因为公司的各级领导会定期询问和回应员工的想法，并帮助员工进行创新，组织员工交流并开展实践，为客户争取利益。

在下一章中，你需要明确自己是否适合勇敢文化，并了解是哪些负面的因素阻碍你利用员工极富创新的思维。在第五章中，你需要开始撰写与自己的勇气和恐惧相关的故事，继而学习如何利用自己的故事激励和打造更勇敢的团队。

第四章

扫清不利因素形成
勇敢文化

———

　　某位医生想做一项实验，但我知道实验的过程可能对孩子有伤害，而且家长也不同意，所以我把门堵上了。

——小儿科医生

简（Jane）潜心投入我们医院的一项极具潜力的研究项目。她告诉我们，为了完成工作，她每天需要面对某位霸道且自恋的医生安排她做的一系列蠢事，这一切都让她感到筋疲力尽。她觉得自己每天都在为了患者的需求而勇敢地战斗，但她的某些要求却遭到了这位医生的讽刺和些许的报复。她说，管理部门也很清楚医生的荒唐行为，但却选择视而不见，因为这位医生在他的领域极富声望。其他接受访问的医务工作者也纷纷无奈地点头，这也证实了她的说法。"这就是为什么我们害怕表达自己的观点，因为你无法改变像他这样的人。而像他这样的人不计其数。"

卡琳问她："那你为什么还继续留在这里工作？"

简的眼睛略显湿润，卡琳和会议室里的其他人纷纷红了眼眶。"我只是非常关心患者。他们都是得了重病的孩子，需要真正在意他们的人关心他们。"

最终，简调去了其他科室。那个科室刚刚有一位杰出的护士离任了，科室也非常欣赏简的热情和专注。如果你容忍一位像那位医生这样的人，就不可能在公司的内部建立勇敢文化。负面口碑传播之快超出你的想象，那么你的"简"也会去别的公司就职。

简的故事并非个例。许多人听闻我们在做相关的研究后，纷纷分享了自己必须克服困难的故事。

- "我的上司对公司的领导层夸大了实际的数据。但我坚持说真话。"

- "我反抗了一个试图想要欺负我的上司。"

- "我谈到了道德，因为我厌倦了告密。但我随后便因为谈论道德而遭到报复。"

- "他揭露了执行总裁的真实行为。之后，他就被解雇了。"

- "我的职业操守与领导层的观念不一致，所以我辞职了。"

这些都是发人深省的回答，不是吗？假如员工仅仅是为了解决糟糕的问题就需要耗尽自己所有的勇气，那他便没有精力创造性地解决问题、进行微创新，而这些才是企业迫切需要的东西。

对于大多数员工来说，创新需要精力和勇气，要敢于暴露自己的不足、勇于接受同伴的拒绝、勇于接受不确定性。员工在实践创新之前，愿意尝试的次数是有限的。他们越是需要勇气去面对不公、糟糕的领导者、无聊的办公室政治或糟糕的决策花费，就越没有多少精力处理真正重要的工作。如果仅仅是对抗现行的陈腐文化就需费尽九牛二虎之力，那么你的员工就没有更多的勇气为客户服务，更无法使公司发展壮大。领导者若想创建一种能够利用和放大所有员工勇气行为的文化，首先要使安全和清晰成为公司文化的根基。

如果领导者迫切地想要创建勇敢文化，就无法忍受员工做出的任何骚扰或欺凌的行为。你甚至更加无法容忍担任管理或领导职务的员工（即便他们是明星员工）做出类似的行为。在你的公司里，如果某位员工需要花上一周的时间才能鼓起勇气再来上班，这就反映出你的公司是在浪费金钱和人才。

解决"ME TOO"运动①和其他不公正的现象

有趣的是：当我们就勇敢文化的研究接受采访时，记者首先询问的问题就是性骚扰和霸凌。"哦，你是说'ME TOO'运动中的那些行为？没错，我们谈谈这方面的问题吧！"

实际上，根本没有这样的问题。如果某个公司的文化中充斥着性骚扰和霸凌，说明他们还没有为应用本书中的技巧做

---

① "Me Too"运动是在美国展开的一场"群众运动"。该运动旨在鼓励曾被性骚扰或性侵犯的人大胆站出来说出她（他）们过去的遭遇——当众说出：我也曾遭遇过（Me Too）。

好准备。如果领导者连最基本的问题都尚未解决，鼓励创新和解决问题就更加无从谈起，因为员工感到不安全，也没有清晰地认识到领导者在最基本的关乎人性问题上与他们的立场一致。

在开始之前，请仔细检查公司的机制和基础架构是否存在阻碍员工专注于完成最重要工作的不公正的或意外的现象。领导者要多花时间与一线员工相处，真正倾听他们每天的体验。提出勇敢的问题（见第八章），让他们有机会向你透露真实的情况。认真对待员工调查中的意见。但凡有一位员工勇敢表达，就可能有另一位员工不再保持沉默。

羞辱、指责和恐吓

如果你希望在公司建立勇敢文化，那么每位领导者的行为都至关重要。许多高管与我们交流时表示，他们说服自己必须容忍某些高管或中层领导者的欺凌、贬低和恐吓行为，因为这些人能够为公司创造某种价值，比如创新、牢固的客户关系、最有效的销售漏斗。高管也坦诚地说："他们对公司的发展至关重要，我不敢解雇他们。"

如果这些话听起来很耳熟，那就想想那些"霸道的"领导者给团队传递了哪些信息。首先，你在向你的团队表明自己缺乏勇气，你作为领导者没有建立勇敢文化的勇气。其次，这会让自己的团队成员认为你不重视他们。如果你真的重视他们，你一定会用人道的方式对待他们。最后，你传递了一种信息：公司默许这种虐待、骚扰和霸凌的行为。

这样的做法会导致未来出现更多的混乱和干扰。在我们开展培训课程时，有许多领导者举手说："虽然这听起来不错，但可能并不符合实际的情况。否则，［某位霸道的领导的名字］就不会那么成功。可悲的是，领导者想要成功，就必须横行霸道。"

在第三章中，我们提到过，相比于积极的记忆，人们会更长久地记住消极的记忆。即便只有一位霸道的领导者也足以让许多员工认为这就是像他们这样的人或者员工们渴望成为的人应该采取的行为方式。即便员工周围有十几位积极致力于建立他们想要的公司文化的领导者，他们依然只会关注到那些消极的因素。

羞辱、指责和恐吓是三种最有害的行为，但却能够得到宽容，甚至广受推崇。比如，在某次公司举行的聚会上，首席运营官将所有高管的名字按职位等级的顺序投影到屏幕上，在所有同事面前从下往上逐个讽刺地批评他们，并递上话筒让他们做出回应。在场的同事都紧张地笑着，默默地祈祷下次自己能幸免。

或者是副总裁斥责他的直属下属，因为他们做出的战略决策失败了，尽管决策失败的真正原因是副总裁不顾团队的担忧和反对做出了这样的决策。又或者是，某位高管坐着公司的专机飞来飞去，忽视员工做出的出色业绩，对员工发出"要么解决问题，要么……"的最后通牒，使得员工因为被恐吓而手忙脚乱，这一切只是为了证明他迫切地想要提升公司的业绩。

勇敢文化不容羞辱、指责和恐吓的存在，但你可能感到非常惊讶，因为员工已经见惯了这些适得其反的羞辱、指责和恐吓。即便有些公司为了培养员工的勇气和创新已经投入了大量的资源，也建立了相应的机制，但依然经常会出现羞辱、指责和恐吓的情况。不要让一两个恶霸影响你打造勇敢文化的行动计划。

其他错误

霸道的领导者行为无疑是破坏勇敢文化的最大因素，但还有一些其他的错误也阻碍了勇敢文化的形成。

长期的重组

我们从高管那里最常听到的说法就是"我们刚刚完成一次重组，现在一切都处于动荡之中"。企业有必要在正确的时间出于正当的理由进行重组，这会使企业获益，但也千万不要低估它对清晰度、好奇心和勇气的影响。新领导设定了新的目标，制定了新的规则，这会让员工放缓工作的节奏，而重组意味着许多员工需要适应新的团队和新的领导者，会进一步减慢员工的工作节奏。每个人都在摸索清晰的方向，在一切尘埃落定之前，员工会认为不表达是最安全的选择。当尘埃落定时，员工更愿意采取观望态度。有时候，员工甚至会期待企业再进行一次重组，这样他们便能再多些喘息和观望的机会。正如一位软件开发经理所说的那样："过去三年我们进行了两次重组，如今又回到了原点。重组给公司造成了很多的不确定性，员工会因此想知道，如果公司无法妥善地实现重组，还能做什么？"

领导者的优柔寡断

我们经常遇到一些领导者，他们能够在一家工作流程清晰的公司中妥善地扮演领导者的角色，但却不知道如何管理团队中的那些"有想法的员工"，所以对这些人置之不理。毕竟，在这些企业中，创新可能会让员工分心。这些领导者对自己过去无过失的记录感到自豪，所以现在又何必冒险呢？

这些领导者虽然都很害怕接受新的想法，但是他们往往都出于善意。我们要帮助他们克服恐惧，教会他们如何承担预期的风险。我们需要在激励创新和解决问题之前完成这一步，否则员工会因为遇到了优柔寡断的领导者而丧失对微创新的积极性。在第十三章中，我们将介绍更多帮助领导者践行勇敢文化的方法。

虚假竞争

隔壁办公室的同事并非是你的竞争对手，不要过分看重与他们之间的竞争。然而，很多员工面对员工排序和业绩潜力测评时，都忽略了这一点。我们之前说过，员工不愿意表达自己的观点，最重要的原因之一是他们担心不会得到认可。因此，在内部竞争激烈的氛围里，许多员工会保留自己的观点。

缺乏沟通机制

在那些努力打造勇敢文化的公司中，我们发现首要问题就是缺乏沟通。电子邮件便能解决的问题却需要开会解决，最终浪费了大家的时间。几句话就能说清楚的问题却因为邮件而词不达意，或者没有人谈论真正重要的事情。很多谈话没有落实到行动，又或者是工作节奏太快，没有倾听彼此想要表达的内容。

再次确认勇敢文化是否适合你

到达这一阶段，如果你开始反思，不确定勇敢文化是否适合你们，或许你的担忧不无道理，我们建议的方法是勇敢文化应建立在信任的基础之上。你或你的团队或许还没有为此做好准备。如果作为领导者，你还不具备管理高效团队的基础知识，在学习建立勇敢文化的方法之前，我们诚恳地建议你首先阅读《深度管理：突破管理困境的25条黄金法则》（ *Winning Well: A Manager's Guide to Getting Results—Without of Your Soul* ）一书。

或者，如果你是一位事必躬亲且毫无悔意的领导者，并且你不断学习如何建立勇敢文化只是为了更好地约束下属，那么最终你只会让你的团队成员失望。如果是抱有这样的目的，最好不要开始。本书的目标读者是那些想了解由小微创新者、问题解决者和客户代言人组成团队优势的领导者，这些领导者也有意了解如何打造一支这样的团队。

创造勇敢文化的绿洲

当我们谈论勇敢文化时，经常会有人询问，"如果我的公司还没有建立勇敢文化，我是否有可能在自己的团队中建立勇敢文化？"

虽然要做到这一点需要面对很大的困难，但即使在企业文化较为保守老派的公司中，也能创造我们所谓的勇敢文化的绿洲。为了做到这一点，你需要更加清楚如何在顺应公司全局发展的前提下做出自己想要的改革。此外，你还需要明确自己的职权范围并帮助自己的团队成员明白何时应该据理力争，何时应该服从大局。

谈到建立文化绿洲的领导者，我常拿一位名叫杰米·马斯登（Jamie Marsden）的高级经理举例。在第一次见到马斯登时，你会发现他非常的热情，对身边的员工始终保持微笑，经常用略带苏格兰口音的一句"太棒了！"热情地回应员工的想法，这一切都令人动容。他在一个技术精湛、压力大、节奏快的跨国公司工作，这家公司并非因以人为本的管理而闻名。在与他的谈话中，他谈到自己曾受邀与高层领导者共同研讨如何解决员工流动大的困难。杰米告诉我们：

我认为领导者和员工之间的关系，以及公司的管理模式给员工带来的工作体验是好是坏，这两点对于解决员工流动大的问题至关重要。我告诉他们，当我晋升到更高级别的领导职位后，为了真正提高团队的专注度和工作的动力，我不断思考我可以参考哪些同事的经验，其他领导也曾尝试过我想尝试的一些方法。在某次会议上，我建议领导应该召集那些真正热衷于做领导者，真正关心员工、致力帮助员工发展和成长，帮助员工取得成功的领导者。做一名称职的领导者并不容易，所以我认为我们可以探讨彼此的想法，分享有效的例子、最佳做法，互相激励保持积极的动力。

令杰米惊讶的是，高层领导们批准了他的建议，并授权杰米成立一个以员工为中心的领导团队。此后，40名精挑细选的真正热衷于领导员工的领导者组成了这支团队，每个月召开一次集体会议。这个隶属于公司的自发成立的团体如今已经发展成为一个有400名成员的团体，成员之间不断地交流最佳做法并相互鼓励，还邀请公司之外的人前来演讲。

当被问到如何将这一想法变为现实时，杰米承认这的确需要付出大量的努力。

除了本职工作，我还做了很多额外的工作，其中有很多是我无法独自完成的工作。因此，首先找到3个与我志同道合的人交谈，他们和我一样有想法但不确定下一步该做什么。所以，找到志同道合的人，共同努力非常重要。

我们有幸同杰米与同事共同建立团体的成员交谈并共度一天。杰米的例子充分说明了如何在公司建立文化绿洲，以及随着时间的推移，如何使文化绿洲发展成为公司的文化。

此外，你可以通过集体的勇敢行为在自己的团队中建立文化绿洲。大卫受邀前往科罗拉多州的丹佛市出席文化X（Culture X）团体的会谈，这个团体的成员都是一些希望在各自的公司中建立积极的公司文化的领导者和个体工作者。那天晚上，他同一位名叫伊凡（Ivan）的高级产品经理聊天，伊凡分享了他创建文化绿洲的经验。

我和我的团队都迫不及待地想要推出一款新产品。大家都长期加班，承受巨大的压力。但我的团队中，有一位成员非常聪明。就工作而言，他最有可能成为团队中工作效率最高的人。但他是个彻头彻尾的恶棍，他为了达到自己的目的威胁其他所有同事，拒绝接受任何人对他提出的任何要求。当你要求他做他不想做的事情时，他就会发脾气，有时甚至会摔东西，比如马克杯、盆栽等任何在他手边的东西。我们曾尝试与他合作，共同完成绩效方案的修订等，但他丝毫没有改变。

终于，我受够了，所以我找到领导，告诉他我们的团队不能有这样的人存在。我的领导对我的愤怒表示理解，但他说，他也不止一次地必须和这个家伙打交道。他告诉我："伊凡，我明白了。我不会说你不能解雇他，由你自己做决定。但我也必须提醒你，无论如何你都必须在最后期限前完成你们团队的工作。如果你真的解雇了他，在完成这次的项目之前你可能招不到更合适的员工。"所以，领导的实际意思是由我自己决定。于是，我硬下心来决定要解雇这个家伙。

第二天早上，我与团队的成员开会，告诉他们这个家伙已经被我解雇了，我们不用再和他一起工作了。与此同时，我也向他们分析了当下的现实情况：我们不会得到任何其他的帮助，他一直是我们团队里业绩最优秀的人。虽然解雇了他，但是我们仍然必须赶在最后的截止期限前完成工作。

我们在谈论公司文化的同时，也千万不要忽略了后续可能引发的事情。团队齐心协力，所有成员都努力工作，互相支持。一旦消除了不利于团队工作的因素，便能完成更多的工作。最终，即便解雇了他，我们的团队依然轻松地在最后期限之前完成了工作，也没有额外寻求任何其他人的帮助。

无论你的公司是否想要建立勇敢文化，你都可以选择领导自己团队的方式。不只是我们，杰米和伊凡也希望你能利用勇敢文化领导自己的团队。

建立勇敢文化需要考虑的问题

在阅读后续的章节之前，我们建议你和你的团队首先讨论以下这些问题。

为什么要建立勇敢文化

- 你为什么想要建立勇敢文化?
- 你希望达成哪些具体目标?
- 你如何衡量自己是否成功地建立了勇敢文化?
- 你担忧哪些问题? 为什么?
- 你必须准备做出哪些艰难的抉择?
- 你能够获得哪些支持? 谁支持你? 谁不支持你? 为什么?

阻碍勇敢文化建立的不利因素

- 你采取了哪些措施避免（或方便员工举报所遭遇的）欺凌和骚扰的行为?
- 假如某位效率较高的员工经常辱骂或骚扰其他员工,你会怎么做?
- 在所有阻碍公司形成勇敢文化的不利因素中,哪一个是公司最薄弱的环节?
- 你对公司中的哪些行为秉持零容忍的态度?
- 作为领导者,你是否具备实施勇敢文化所需的基本的管理和沟通技巧?

第五章

引导叙事

———

勇气就是超越极限。勇气也是一种选择：是否进入着火的大楼，是否说出真相…… 但我们现在讨论的是另一种勇气，勇敢的人战胜了困难之后才发现自己莫名其妙地成了勇敢的人。但他们经常说：我别无选择。

——马克·尼波（Mark Nepo），

摘自《觉醒之旅》（*The Book of Awakening*）

卡琳过去曾在政府机关推行过一个领导力开发的项目，该项目的主体由科学家和官员组成。有趣的是，项目进行到大约一半的时候，其中一位名叫霍普（Hope）的参与者表达了她的担忧："我相信这些方法适用于像彼得这样的人，但可能不适用于我。"彼得是另一位参与这个项目的白人男性，他拥有令人印象深刻的科研成果并且在那个机关中的职位更高。霍普相信彼得可以在她不敢发声的时候直言不讳，然而并非只有霍普一人持有这样的观点。在场的许多与会者都认为即便表达了自己的观点，依然无法引起领导者的重视，所以他们即便有不同的意见也依然选择沉默。

随着讨论的深入，在场许多参与项目的人都分享了他们被告知闭嘴的经历，以及他们表达反对意见给自己带来的影响。这些真实的故事既令人伤心，又扣人心弦。当时的每一个细节都萦绕在他们的记忆中，仿佛这些事情就发生在昨天。实际上，其中一些故事已经发生了十年之久，并且故事中的同事或领导有的甚至已经离开了人世。即便如此，残存的恐惧依旧让现在的他们有所忌惮。在迫切需要说实话的企业文化中，依旧有很多人害怕表达。毫无疑问的是，该项目即便比预期耗时更长，但由于参与者无法做到直言不讳，也就无法达到预期的效果。

尽管霍普认为自己不应该辩解，但还是毫无保留地说出了自己的看法。听完霍普和其他同事分享他们被迫沉默的经历后，彼得举起了手。

听完你们的发言后，我想说我也有过这样的经历。我的上司也多次让我闭嘴，不要惹是生非。有一次我发现了几个错误，我知道这几个错误会导致我们的项目无法按时完成。我如实向我的上司汇报了情况，但他告诉我绝对不能泄露真实的情况，不能让外人觉得我们的团队（或他）很糟糕。几个月后，该项目一筹莫展，部门负责人乔介入调查。他问我为什么当初一言不发。我告诉他我的确指出过错误，但无人问津。

乔指导我说，在这种情况下，重要的是优先考虑项目的进展，再考虑自我保护。他的话提醒了我，真正攸关利害的是我们的项目。他告诉我在我需要的时候可以随时与他交谈。于是，虽然我依然尊重公司的指挥链，但我的确时不时地与乔进行交谈。虽然我的上司很讨厌我去找乔交流，但有时我别无选择，只能做正确的事。

不久之后，我的上司、同事和我与乔开会时，乔告诉我们，他对于大家的不敢表达感到非常的沮丧。他看着我的上司说："只有彼得敢于直言不讳。"然后他问团队里的其他人，为什么明知道有问题却依然保持沉默，但是所有人，包括我的上司在内，都只是毫无表情地看着他，一言不发。

会议结束后，我的上司把我拉到一旁，对我说："看到了吧，乔不希望你再说话了！请你现在起就闭嘴。"

我当时想："什么？我们参加的是同一个会议吗？乔根本不是这个意思。"我坚持让我的上司和我一起再与乔聊一聊，弄清楚他的真实想法。

乔斩钉截铁地说："我希望彼得和团队的所有人都敢于直言不讳。只有这样，我们才能知道究竟发生了什么。"

彼得慢慢地环视在座的每一位同事，说道："你们可能没有意识到，总会有人想听你要说的话。"当彼得讲完这个故事后，有些参与者看起来若有所思，有些人频频点头。但其他人看起来略有疑虑，因为霍普说的也是对的。像彼得这样的人能够很轻易地做到这一点，但不能保证女性、有色人种或具有不同资历的员工都能够像彼得一样做到这一点。然后，彼得讲了他的第二个故事。

大约一年前，我的一位同事告诉我，她认为我非常霸道，这让我感到震惊和受伤。我不认为自己是一个霸道的人，所以我问为什么她有这样的看法。原来是因为我让每个人都担负起应尽的责任，这一点让大家很不舒服。

然而，为了取得我们理想的结果，我必须要求每个人都担负起应尽的责任。但我也明白，责任和欺凌是两回事，不可混为一谈。所以，我询问了其他同事的观点。

有几个人说："嗯，没错，有时候你的确很霸道。"

那一刻，我明白自己需要做出改变。我询问了更多关于大家如何看待我的行为的问题，以此来深入分析我应该如何做出改变，也因此明确了我应该在哪些方面做出改变。从那之后，我开始更多地倾听，走进办公室的步伐更加轻快，更加注意自己的语气和举止。令人意外的是，我做过的任何一项领导工作都没有产生如此大的影响。我依然要求每个人都担负起应尽的责任，但我在注意了自己的工作方式之后，我的整个团队相处更加融洽，工作效率也更高了。

彼得稍做停顿，环视整个会场。

想象一下，如果那位说我霸道的女同事是一位害怕表达（FOSU）的人，又会发生什么？就像我们一直谈论的那样，如果她对过去的经历感到失望并且一言不发，不告诉我在别人的印象里我是一个霸道的人，那么团队中的其他成员是否有勇气批评我的行为？

他停了下来。没有人回答。

正是她的直言不讳帮了我们所有人一个大忙。我之所以能够成为更好的领导，是因为她有勇气指出我的不足。我了解我们国家的文化，有些行为会被认为不够礼貌，但我需要强调的一点是，我们需要大家能够更多地直言不讳。不要因为认为自己的声音不会被听到就避口不谈，你的沉默会让有些人逃脱惩罚，并且他们可能和我一样，并未意识到自己的行为有何不妥。如果我们真的想要改变公司的文化，就必须谈论这些问题。我们之所以学习现在的这门课程，就是因为公司希望我们未来能够成为更好的领导者。

这是一个极具影响力的时刻。

彼得改正自己的弱点具有重要的变革意义。一些参与者因为听了他的故事以及女同事质疑他的故事，获得了足够的安全感，也开始敢于尝试用新的方式处理自己的工作以及与同事的关系。

关注自己讲给自己的故事

建立勇敢文化的下一步是引导叙事。我们都会向自己讲述正在发生的事情、我们是谁以及其他人对我们的看法。引导叙事意味着你要关注自己讲给自己的故事，团队成员如何给自己讲故事，并有意识地利用那些能够强化公司的价值观、文化和热情的故事。想要建立勇敢文化，首先要从自己做起，你要勇敢地面对自己，承认自己内心的故事，多做那些能够给自己和团队带来信心和勇气的事情，继而为团队里的其他成员树立勇敢文化的榜样。

不要低估你的勇气对团队建立勇敢文化所起的作用。卡里尔·史密斯（Khalil Smith）在神经领导力研究所（NeuroLeadership Institute）担任多元化和包容性实践项目的负责人，他的同事指出："一旦领导者重视下属的发言，并建立了正确的习惯和机制，就会使直言不讳被认为是一种'非英雄的行为'，会对组织的各个层级都产生积极的影响。"所谓"非英雄的行为"可以理解为"文化"，即像我们这样的普通人都会如此行事。作为领导者，你需要迈出第一步，做第一个"如此行事"的人。

了解自己过去的经历才能够更好地鼓起勇气。我们曾说过，人的大脑倾向于清晰地记住糟糕或痛苦的经历，而不是好的经历。你可能已经有几十次都做到了直言不讳，但只要有一次某位领导者因为你的直言不讳让你在同事面前难堪，你的警报就会响起，提醒自己"保持沉默更安全"。

在霍普和彼得那次的对话中，每位参与者都分享了他们自己经历的故事，这些故事改变了他们的想法，他们日后也会改变行事方式。霍普给自己讲了一个关于直言不讳的故事。在这则故事中，她认为她的发言不会带来任何的改变，但还是说出了自己想说的话，所以我们有理由相信自己的声音能被听到。引导叙事意味着我们能够主宰自己的故事并与之共存，并在下次需要发声时，知道自己的声音是有力量的。

从彼得的故事不难发现，他的担忧值得大家讨论，也证明了他是一个正派、公正的人。尽管遭到了上司的反对，但乔的支持证明了他在第一个故事中的可取之处，而在第二个故事中，他的做法不够恰当。尽管他有意了解真实的自己，但他的行为却释放了不同的信号，如果他想让大家勇敢发言，就需要做出改变。勇敢地面对那些与自己的看法不一致的反馈，这会对员工产生莫大的影响。彼得的经历使他能够勇敢地邀请他的同事和他一起发声，即使是在困难的时候，也能让团队成员看到希望，认为自己的声音能够被听到。

可悲的是，相反的情况不胜枚举。对于大多数人来说，一两次与不称职的领导者打交道或被同事欺负的负面经历就足以"证明"直言不讳十分危险。他们开始保持沉默，确保"安全"，这进一步向他们"证明"，保持沉默才是正确的选择。但是，他们永远不会知道如果做出不同的选择会发生什么。许多与我们交流过的领导者都因不敢表达而陷入了这样的循环。

彼得认为自己的勇气是"别无选择"，只能按照自己的价值观行事。值得庆幸的是，他与乔的故事让他明白，虽然直言不讳并不容易，但足够安全。这种积极的经历增强了他的信心，不仅让他敢于再次直接表达，并且在收到自己不想听到的反馈时能够采取像乔一样的处理方式。过去的成功经验能够最快地帮助自己建立信心。所以，你会告诉自己哪些故事？你的团队会生活在什么样的故事里？

重要的是表达方式

既然过去的成功经验是建立信心最快的方法，那么你究竟应该如何引导叙事，将自己置于有助于建立勇敢文化的故事中？在第一章介绍勇敢文化的概念的部分，我们曾问过自己同样的问题。当我们研究领导者和团队如何在日常情况下表现出勇气时，我们找到了曾经认为我们很有勇气的同事和领导，让他们回忆那些他们认为我们很勇敢的时刻，试图寻找一些诀窍使变得勇敢和教会别人勇敢成为一件更容易的事情。他们的话让我们感到非常惊讶。我们在此分享其中的一些故事，从而凸显反思自己的勇敢故事以及发现其中价值观的力量。与此同时，也希望你在完成本章结尾处的"首次尝试练习"模块时也能够做到这一点。

当大卫询问大家他有哪些勇敢的时刻时，有几个人的回答都是他曾勇敢地指出某些有地位和权力的领导者的不良行为。他在担任某个全国性的非营利组织的执行领导人期间，当时的一位董事，也是最大的资助者之一，却习惯性地不尊重员工。大卫和董事会主席都曾指出过这位董事的行为，一再要求他遵守公司的沟通链，他有任何疑虑或问题都可以直接联系大卫或董事会主席，这是非营利组织和协会的标准作业流程。大卫和董事会主席已经为了他灵活变通了组织的沟通机制，因为他们深知组织目前处于发展的阶段，十分珍惜每一分钱的赞助。

一天，大卫开完会走回办公室，发现他的行政助理泪流满面，因为这位董事认为她做的营销材料出现了错误，但实际上错不在她。那位董事打电话对她出现的"错误"大发雷霆，贬低她的能力。大卫了解了事情的经过后，立即给该董事写了一封邮件，回顾了他们之前的对话，同时也指出该董事的行为不仅不够专业，与他的职位不符，还会给组织带来不良的影响。大卫命令他的助理不要再接听这位董事的任何电话，并告诉该董事，如果没有预约，不欢迎他来自己的办公室。与此同时，大卫也将这封邮件抄送给了董事会主席，对助理的遭遇表示了歉意后就回家了。

在开车回家的路上，大卫料想到董事会可能会给他打电话。毕竟，他刚刚反抗的是组织的头号赞助商。鉴于该董事的个性和既往的行事风格，他很可能会要求大卫辞职或自己撤资。组织的运营资本可能会出现巨额的缺口。一旦资金短缺，所有高管都很难使组织长期运营下去。但电话并没有响起。次日上午，这位董事宣布辞职并减少出资，但并未完全撤资。但该组织成功地筹集到更多的资金，也实现了预期的发展。

这是我们的同事和导师回忆起的某个勇敢时刻的例子。勇敢时刻包括为员工辩护、秉持不受欢迎的立场、反抗霸道的人，或实现信仰的飞跃，等等。令我们感到惊讶的是，周围的人认为我们勇敢的时刻，并非我们认为自己勇敢的时刻。如果你问我们当时的感受，我们可能会说我们很生气、担心甚至绝望。在我们刚刚提到的大卫的事件中，他说："我并不觉得是勇敢，只是当时很气愤。"在我们与其他领导者的对话中，也出现过类似的情况。对于当事人而言，在所谓的勇敢时刻，自我的感觉不一定是勇敢，也可能是别的情绪。

当你选择按照自己的价值观生活时，就会表现出勇气。在本章开头所引用的马克·尼波的名言中，他就指出人们常常很疑惑为何自己会被称为勇敢的人。如果你做了其他人没有做过的事情，即便你做的时候感觉自己"别无选择"，但那是因为你在人生的早期阶段就做出了自己的第一个选择。在人生的某个阶段，你选择了自己的价值观，即自己看重哪些事情以及你想成为什么样的人。自此，你所做的每一个决定都会让之后的决定更容易。直到某个时刻，你不再需要有意识地鼓起勇气，只是做自己。

当然，"做自己"并不意味着你可以肆无忌惮地说出真相。卡琳职业生涯中最令她后悔的时刻就是对另一个部门的某位领导大发雷霆，因为她认为该领导歧视她所在部门里表现最优异的员工。她觉得自己在错误的时间和地点，用了错误的音量说出了错误的话。但她不后悔自己的直言不讳，她认为自己有权这样做，自己的愤怒也是合理的。但她说话的方式和所选择的时机完全损害了自己影响局势的能力和声誉。卡琳从那次令她后悔的经历中学到了很多。勇气也意味着你即便知道触发情绪的因素，也能够管理好自己的情绪，并利用情绪做出建设性的行动，做出真正的改变。

引导叙事指的是，你知道自己在哪些事情中做到了最好，能够从中吸取积极的教训，有意识地记住这些故事，并利用这些故事指导自己当下的选择。这样一来，你就能更轻易地再次成为最好的自己。当你这样做时，你会更加坚守自己的价值观，忘掉恐惧。

在那次情绪爆发之后不久，卡琳需要和她的上司以及她上司的上司在全国各地飞来飞去，对卡琳的团队进行一系列实地考察。在考察期间，职位最高的那位高管表现出了与卡琳的价值观相冲突的霸道的领导行为，令她迫切地想要指出其中的不当之处。整个团队都在做一些了不起的改变，但她担心这位高管的行为会使所有的努力都功亏一篑。卡琳的上司是一位非常好心的领导，也非常关心卡琳和她的事业。当她察觉到了卡琳的脸上写满了愤怒，便把卡琳拉到一旁，提醒她说："卡琳，如果你在乎你的事业，就什么都别说。"

卡琳觉得这正是彰显勇气和愚蠢之间区别的好机会，利用自己先前应对不公平的经验中获得的智慧，立刻想到了最佳的应对方法。她听从了上司的建议，至少在那个时刻，她什么都没说。但在回程的航班上，她拿出笔记本电脑，写下了她认为领导者应该具备的价值观。随后，在开车回家的路上，她打电话给自己团队的所有成员，就这位高管的做法向他们道歉。同时，她也提醒自己的团队成员，她在任何情况下都不会那样做，一旦自己做出了这样的行为，希望团队成员能够勇敢地指出。此外，她也指出，自己也绝不会容忍任何团队成员做出这样的行为。她强调了即便其他人有不同的做法，但我们的团队中"像我们这样的人"应该怎么做。随后，星期天早上，卡琳就开通了名叫让我们成长为领导者（Let's Grow Leaders）的博客，分享了她所知道的关于如何取得成果，如何做一个体面的人的知识，偶尔她也会讥讽一些霸道的领导者。

有时候，重要的不是你是否应该直言不讳，而是情绪表达的方式。她在飞机上写下自己认同的价值观清单并分享到了博客上。这一博客的开通，也标志着我们开始探索创办为世界各地的领导者提供服务的平台，帮助他们取得突破性的成果，并帮助他们树立正确的价值观。

走出舒适区

你彰显勇气的行为，也有助于提醒团队的成员他们也能够做出英勇的举动，这时候便可进入下一个阶段——如何提升自己的勇气，扩大自己的专业影响力？有意识地走出舒适区是培养和展示勇气的最有效方法之一。苏西（Susie）是一家大型消费品公司的领导者，我们从她的身上看到了一种非常不错的做法。该公司出台了一项正式的措施，以帮助管理人员了解和练习克服恐惧、提升业绩的行为。

公司鼓励领导者选择适合自己的方式，但必须满足以下三个标准：

（1）能够提升业绩。

（2）相对简单易操作。

（3）这样的做法可能会令自己感到恐惧。

一旦他们选择了适合自己的方法，就必须每天坚持练习。例如，如果领导者担心准备不足导致他们花费太多时间过度准备，可以选择接受"一小时准备时间挑战"。在接下来的两周内，精准地计算会议准备的时间，每次控制在一小时之内。

再比如，如果领导者害怕因安排团队成员承担太多的次要任务，导致他们无法专心完成最重要的任务，那么领导者可以选择接受"署名邮件"的挑战。要求团队成员在署名邮件中列出自己最重要的三个战略优先事项，这样领导者便能更容易理解为什么团队成员有时不得不说"不"。

这些实验虽然简单，但也会令人不自在，这就是其中的魔力。领导者无须做出长期的改变，只需集中精力尝试一种新的行为并观察其影响。当你和公司的领导者进行此类小型实验时，你可以继续引导叙事。自此之后，员工便能更容易做出勇敢的行动，并且你已经为员工树立了战胜弱点、自我成长的榜样。请记住，当团队看到你充满勇气时，他们也会充满勇气。

- -
首次尝试练习
- -

勇气指南

第一次的"首次尝试练习"中，我们将使用勇气指南引导自己的叙事，借此开启勇敢文化之旅。勇气指南可以帮助你发挥勇气并为公司领导文化的转型奠定所需的基础。

🤝 目标

- 反思自己最勇敢的经历，为建立信心和确立自己的勇敢文化战略奠定基础。

- 与直接下属团队就勇气的含义及其重要性进行对话。

- 确定共同的价值观和行为，树立勇敢文化的愿景。

🤝 所需时间

大约一个小时，具体取决于团队成员的多少和谈话的时间。

🤝 过程

（1）描述自己的勇气指南，对自己的职业生涯做一个大致的时间规划，回顾自己早期的职位和近期所担任的职位。再反思自己在担任这些职位时，做过的最勇敢的行为是什么，以及在此过程中得到了哪些教训。你可能会像我们大多数的客户一样，想起一些自己很久没有想起的好想法。如果你很难回想起自己的三个最勇敢的行为，也可以请熟悉你的人说出在他们的记忆中，你在工作中做出的最勇敢的行为。

（2）一旦回想起自己三个勇敢的瞬间，仔细分析自己每次的行为，问自己以下这几个问题：

是什么促使我在这种情况下变得勇敢？

我期望会发生什么？

结果究竟发生了什么？

我对这次事件的感受如何？

我看重这次事件中所传递的哪些价值观？

作为当今的领导者，我需要在哪些场合表现出这样的勇气、彰显出这样的价值观？

（3）寻找主题。在这些故事中，你注意到自己的哪些方面？哪些方面让你感到自豪？在未来的故事中，你希望把此次事件中的哪些核心要素发扬光大？你有什么经验要和你的团队分享？你会如何与他们分享？

（4）邀请你的直接下属团队完成练习。安排一些时间进行集体讨论，并要求每个人都分享一个自己的故事。这些故事

都体现了哪些主题？团队成员的选择体现了哪些价值观？当你
开始建立更勇敢的企业文化时，可以从这些故事中吸取哪些关
键教训？

第六章

清晰度 + 好奇心 = 勇敢文化

———

　　一旦团队成员将赢得胜利视为团队的使命，就一定会提高自身实力，为了实现最终的成功而不懈努力。

　　——区域经理韦恩·史密斯（Wayne Smith）

当我们回顾自己过去的经历、所做的研究、总结的最优方法，以及与正在建立勇敢文化的客户之间的合作，我们总结出了一个既定的模式。勇敢文化需要整合"清晰度和好奇心"这两个看似矛盾的领导力要素。为了让你了解"清晰度和好奇心"在勇敢文化中如何相互作用，我们首先分析卡琳和她的销售团队的案例。了解了卡琳的团队所面临的困境之后，便能知道"清晰度和好奇心"如何相互作用，继而更深入地了解卡琳的团队采用了哪些特定的方法和技巧提升了业绩表现。坦白说，卡琳的团队精心设计工作的策略，即本章中介绍的策略，是业绩提升的主要原因。而实际上，卡琳和她的团队也一直在不断地学习。

卡琳刚开始担任新的职务，领导一支跨越三个州且总人数为2200人的零售团队。在这之前，她职业生涯的所有经历都围绕着人力资源、领导力开发、培训和联络中心。她最接近销售的工作是小时候挨家挨户推销女童子军饼干（Girl Scout Cookies）。她所领导的14位区域经理中，有12名是男性，这14名区域经理都有着丰富的零售经验。她的前任是一位业绩卓著且深受员工爱戴的领导者，在位期间也精心培养了自己的接班人。没错，这位接班人没有获得这个职位而是成了卡琳的得力助手。

一位最直言不讳的区域经理丝毫没有掩饰自己的不满，直接对卡琳说她不配担任这个职位，"你真是一个与众不同的接班人"。对卡琳而言，她自然也觉得自己需要证明很多东西。

但这并不是上任新职位给她带来的最大挑战。最近，苹果公司（Apple）与卡琳团队最大的竞争对手美国电话电报公司（American Telephone & Telegraph，简称AT&T）达成了独家销售苹果手机的协议，导致顾客们在卡琳公司的门店里排队，询问他们多久可以结束合约，以便到美国电话电报公司那里购买新款苹果手机。这样一来，卡琳的销售团队士气十分低落，甚至有一位地区经理质问卡琳："女士，你为什么不回人力资源部工作，顺便也能说服他们降低我们的任务指标。我们没有什么产品可卖的。"

如果你遇到这种情况，你会怎么做？你的团队既不信任你，也不相信自己能赢得胜利，并且他们手中的数据似乎也证明了他们的想法。

时间快进到卡琳被提拔出任销售主管的职位上时，她的团队在中小型企业的销售业绩领先公司在全国各地的销售团队，团队也因此赢得了公司总裁颁发的客户增长奖。或许最重要的是，卡琳的团队掌握了销售的秘诀。于是，团队又重新投身销售领域，他们相信自己售卖除了苹果手机之外的其他产品依然能取得成功。他们是如何做到这一点的？简而言之，是掌握清晰度和好奇心的循环，建立了勇敢文化。

勇敢文化循环

我们谈论的清晰度和好奇心并不是简单的"两者兼具"的关系（图6-1）。这两种元素都处于勇敢文化循环的中心位置，彼此之间不会有太大的距离，和谐地顺从彼此。

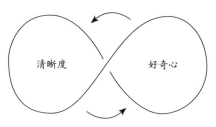

清晰度　　好奇心

图 6-1　清晰度和好奇心之间的关系

清晰度

清晰度是指抓住重点、始终如一、做有效的事情。清晰度意味着团队中的每个人对成功的标准有着相同的理解。清晰度可确保你在每次与客户的互动中都能恪守公司品牌的承诺。团队的所有成员都知道团队的目标是什么及其原因。清晰度为勇敢文化贡献了三大关键要素：安全、自信和方向。清晰度可以使团队成员畅所欲言，因为他们知道成功的标准，需要完成哪些要求，以及自己可以做出哪些贡献。清晰度也可以使团队成员相信自己可以想出一个好主意，并将其转化为实际的行动。最后，清晰度还能为团队成员指明方向，让他们集中思考、解决问题和发挥自己的创造力。

在强调清晰度的公司中：

● 高管清晰地向员工传达未来的愿景和成功的标准。

● 经理能够将愿景转化为行动，并确保所有员工都知道自己在做什么、为什么要这样做，以及他们的工作如何帮助公司实现愿景。

● 一线员工知道该做什么以及如何出色地完成工作。

好奇心

好奇心是质疑、探索和尝试新事物。好奇心意味着团队的所有成员都在探索如何进步，如何能够提出有效的问题以及积极地互相倾听。好奇心能够确保公司不断探索取得更好的表现。好奇心有助于勇敢文化的建立，能够实现从员工被允许提出建议到主动建立勇敢文化的转变。此外，公司不只是允许员工解决问题和直言不讳，而是明确这是员工分内的职责。

在强调好奇心的公司中：

● 高管寻求建议、征求意见并根据了解的情况采取行动。

● 经理不断寻找新的想法和最佳实践，当他们发现新的想法的最佳实践时，便会与他人分享。

● 一线员工找到并提出提升业绩和客户体验的方法。

清晰度和好奇心在许多公司无法共存。领导者只会专注于其中的一个要素，经历一些意料之中的困难。如果你只是强调清晰度而忽视好奇心，就会错过隐藏在眼皮底下的机会。一旦公司停滞不前，便会面临危机，内部竞争也会逐渐蔓延。害怕表达也会成为一种普遍现象，因为员工越来越不愿意挑战已证实的现状。领导者也会因此而常常失去那些想要创新，想要取得突破性成果的顶尖人才。最终，你的团队中只剩下那些想被动听候安排的员工，而这些人根本无法肩负起公司的未来。

相比之下，如果你只是强调好奇心而忽视清晰度，你会遇到一系列从未有过的挑战。公司品牌给客户的体验波动较大，你不敢扩大公司的规模，因为做出改变或找到最佳的做法可能需要很长的时间。你也会失去顶尖人才，但这一次是因为他们对你的组织无法贯彻执行决策、无法取得成果而感到失望。你会发现很多团队中都充满了"独行侠"，他们用自己与众不同的方式工作。

相反，建立勇敢文化便能实现清晰度和好奇心的融合。两种元素和谐共处，各取所长，促进公司的发展。本章的后续部分，我们将介绍几种实用的方法来平衡清晰度和好奇心之间的相互作用，并分享几个现实商业世界中的真实案例。

从自己不擅长的领域着手

如果你刚刚了解到好奇心和清晰度之间的关系，可能会感到不知所措，不知从何下手。在后续的章节中，我们将详细介绍这些行为以及如何打造一支由小微创新者、问题解决者和客户代言人组成的团队。与此同时，我们希望你能从自己不擅长的领域着手。如果不仅你自己能出色地完成工作，手下的员工也能取得不错的成果，并且都知道成功的标准，那么你处于需要专注于好奇心的阶段。如果手下的员工精力非常充沛，看似充满热情地做着自己的工作，但实际上是在浪费时间做无用功，互相冒犯，那你首先需要从清晰度着手。如果你还是不确定从何开始，就从最难的部分下手。不管从哪里开始，你都会很快就需要应对与之相对的另一元素。

扭转士气低落的销售团队

当你考虑从何开始时，我们先说回卡琳的销售团队。卡琳的团队起初士气十分低落、客户纷纷流失到竞争对手的公司，但最终这样的一支团队转变为在中小企业销售业绩方面领先全国并因客户持续增长而获奖的一支团队。他们是如何做到这一点的？

树立明确的目标

当她开始担任销售主管一职时，卡琳和她的团队明确了两个目标：

（1）团队必须创造收入、提供一流的客户体验。

（2）他们需要鼓舞士气低落的销售团队，激发他们的希望，鼓励他们创造更多的可能性。

请记住，在建立勇敢文化时，要从自己不擅长的领域开始。该团队已经树立了明确的目标，所以下一步就是培养好奇心。

培养好奇心

卡琳考察了自己的销售团队后说："我的团队有2200人，一定有人能够卖出产品。"她需要弄清楚有哪些人成功地卖出了产品以及他们是如何成功的。于是她拿到了业绩排名前20名的销售人员的名单，然后采取了与第八章"培养好奇心"一样的做法，希望总结出最佳的实践方法。

碰巧这个时候，她遇到了约米（Yomi）。她观察了约米与客户的互动，总结出了约米的固定模式：他会询问每一位客户"您在哪里工作？"

看他反复问这个问题，卡琳便问："约米，你为什么要这么问？只是为了和客户建立融洽的关系吗？"

"卡琳，不只是如此。我问他们在哪里工作，是因为我想知道他们是否自己运营一家小公司。小企业主因为担心数据安全的问题，所以他们的公司可能不会使用苹果手机。苹果手机太新了，他们会选择黑莓（Blackberry）或一键通电话。如果他们回答我说是某家小公司的老板，我会告诉他们我们最新的、超赞的小型企业计划。我一次能够卖出5台、10台，甚至20台手机，的确能因此而赚到钱。我的客户听完后也都很兴奋，纷纷推荐他们的朋友找我购买手机。"

卡琳听完后非常激动，将约米的最佳实践分享给她手下的其他几位区域经理。但他们中的大多数人并未表现出预期的热情："卡琳，约米是约米。他可以完成任何艰巨的任务。企业客户不会想来零售店购买手机。我们之前尝试过向小型企业推销，但这种方法行不通。"坦白说，在现阶段，卡琳也并不知道这是否是一个有效的长期战略。但她知道一点：如果销售人员认为他们卖不出去，那他们就一定无法成功卖出产品。

用尊重回应

她也知道，如果想要真正地做出改变，唯一的方法是一次只做一件事。所以，她试验了最佳的做法，借此显示对员工的尊重，在第九章中我们也会论述这一点。卡琳召集了她的团队召开了一次简短的会谈："我并不是说把向小企业销售作为我们最新的战略。或许这种方式可能行不通，但我们必须去尝试。我要求大家花一天的时间，专门尝试约米的做法。"

管理一个士气低落的团队需要提高对团队成员的要求并培养大家的责任感，这也有助于增加工作的乐趣。区域经理的团队就是这么做的，所有的区域经理达成一致，在下星期二的时候投入全部的热情全面尝试约米的做法。他们要求当天上班的所有销售人员询问自己的所有客户："您在哪里工作？"

那个星期二的气氛就好像假日一样，他们称之为"小企业疯狂日"。与此同时，团队还制订了一项计划，确保卡琳和区域经理在当天营业的12个小时内能够到访所有110家门店，为销售人员送去红牛饮料和糖果，以此提升员工的活力和士气，并亲自示范关键的行为：询问每位客户"您在哪里工作？"此外，他们还要求用气球装饰所有的门店，借此给顾客带来不同平常的体验。那一整天的氛围都像是聚会的感觉。

卡琳的助手朗婷俪（Luanne）专门申请了一个名为"小企业疯狂日"的邮箱账号，搜集销售代表发来的故事和图片。如果销售代表因为询问客户他们在哪里工作而促成了交易，他们会通过电子邮件向朗婷俪发送自己和新业务客户的庆祝照片，或者门店里面排队等候从竞争对手的旧手机中把数据传输到新手机的客户的照片。每隔几个小时，朗婷俪就会把这些成功故事和图片编成一张庆祝传单，通过电子邮件发送给所有的门店，以此证明这一方法会促成交易。

那天的总销售额较平时翻了两番，说明这种做法是有用的，不仅提升了销售额，而且燃起了员工的希望。第二天早上，卡琳和区域经理召集所有的经理召开了一场电话会议。这次会议主要传递了一条这样的信息："既然主打小企业的业务在任意一个周二都能奏效，那么在其他时间也可以奏效。"收获了"好奇心"带来的新启发，是时候把重心转移到勇敢文化循环的"清晰度"阶段了。

激发员工的才能

鉴于卡琳的团队已经清楚地意识到向小企业销售是维持公司生存发展的基本策略，因此，现在的关键在于确保团队中的所有成员都清楚地意识到向小企业销售是团队的战略重点（在第十一章中，我们将重点论述如何激发员工的才能）。团队召集员工开会，说明团队面临的市场机遇，培训销售代表了解公司的计划能够给企业客户带来的好处。此外，卡琳要求培训团队编制一份"会议宝盒"，宝盒里面装满了门店经理可以在员工会议上向员工传授的方法和技巧。会计团队更改了计分方式，将小企业目标纳入考核标准。卡琳的上司即公司的地区总裁将小企业战略和其取得的业绩作为每次经营检查的标准项目。此外，卡琳的公司调整了基础结构，将小企业的销售目标纳入公司的季度薪酬体系，更加关注对新员工的培训（在第十二章中，我们也会论述这一问题）。

"我们团队取胜的秘诀在于：每天的极度专注和不懈的执行、庆祝以及充满责任感，那些持怀疑态度的人最终认可了我们的方式是有效的。"

——皮特，区域经理

清晰度与好奇心之间是一个永远不会停止的循环。一旦卡琳和她的团队清晰地制订并遵循了新的销售策略，就是时候再次培养团队成员的好奇心了。

实践原则

在这一阶段，团队中的大多数销售代表都取得了不错的业绩。他们如何继续保持这种势头？当他们开始寻找加强战略的方法时便会知道如何保持增长的势头，即实践原则的过程（第十章中会详细介绍），鼓励每个地区在最适合当地市场的方法上进行创新。每个区域经理的团队都要克服困难，与各自的小企业客户中的变革推动者合作，共同探索最佳的做法，尝试一种个性化的面向小企业的销售方法，从而扩大客户基础。接下来才是见证奇迹的时刻。

在弗吉尼亚州（Virginia）的锡达布拉夫（Cedar Bluff），有一家乡村门店坐落于一处经过改建的小木屋内。商店最主要的客户是一些承包商和农民。经营这家门店的团队决定将门店的阁楼改建成一个小型的商务中心，供顾客进行专门的咨询和洽谈。在这个南部的农村社区，小企业主非常喜欢这种人性化的举措，感觉自己在商务中心中受到了尊重和重视。

虽然位于同一个州，但位于弗吉尼亚州弗吉尼亚海滩（Virginia Beach）的另一家门店由于季节性客流量的下降，面临着不同的挑战。夏季的时候，来海滩游玩的游客挤满了门店，但在淡季时，门店的人流量稀少。这家商店决定在门店的后方建立一个临时的"呼叫中心"，门店的销售代表会主动联系当地的小企业，告诉他们公司最新的一些不错的计划。

所谓的"客户服务中心"只不过就是门店的销售代表围坐在商店后面休息室里的桌子旁，用自己的手机拨打电话。恰逢该地区其他行业也处于淡季之中，大部分店主都有时间聊天，所以许多店主接受了销售代表的提议，纷纷到店里进行洽谈和免费的咨询，审视自己是否已经施行了最有效的计划。

第三家门店位于华盛顿特区（Washington, DC），当地的小企业更多的是律师事务所和职业说客公司，而非建筑公司。这些客户更偏爱企业对企业的环境而不是零售店的环境。因此，华盛顿特区的团队提出了这样的想法，为每位销售代表提供用于购买职业套装的津贴。这些销售代表工作时都会穿着西装、便衣外套和连衣裙，绝不会穿彩色的POLO衫或T恤。

这些根据当地市场的特点而实施的优化策略提升了各地门店的销售额。销售代表掌握了清晰度阶段的要领之后，便能够根据本地区的特点，战略性地思考对于当地市场最有效的策略。久而久之，团队也因此扭转了低落的士气，团队成员变得充满活力，开始售卖产品，因为他们相信即便不卖苹果手机，他们也能取得不错的业绩。

这个例子充分证明了基于清晰度和好奇心循环的勇敢文化，能够改变一个区域性销售团队的业绩。这一过程也同样适用于你。在接下来的章节中，我们将介绍利用清晰度和好奇心的力量建立勇敢文化的方法。首先，我们建议你通过本章的首次尝试练习，确定自己团队的创新和问题解决应该专注于哪个领域。

首次尝试练习

掌握"UGLY"法

截至目前，你或许已经确切地知道要将团队的最佳思维和创新集中在哪些领域，并且也已准备好进入第七章的学习。在第七章，你将了解如何确立和传达自己对勇敢文化的愿景。但是，如果你不太确定从何着手，或者你需要别人帮你厘清重点，请从本章的"UGLY"练习开始着手。

🤝 目标

确定战略重点，从而专注于建立勇敢文化的前期工作。

🤝 所需时间

大约一个小时，具体时间取决于讨论的深度。

🤝 过程

掌握"UGLY"法由一系列具有鼓动性的四个问题组成，

你可以与团队成员集思广益，共同讨论这四个问题的答案：我们低估了什么？我们应该破除哪些习惯？我们输在哪里？我们需要抓住哪些机会？

你既可以召集整个团队共同讨论这些问题，也可以将团队分成若干个小组，每个小组讨论一个问题，然后向整个团队宣读各自小组商讨出的答案。

U——我们低估了什么？

竞争压力？新技术？风险？因"没有时间"而错过的机会？

G——我们应该破除哪些习惯？

我们现在在做的哪些事情已经没有意义了？哪些流程只是流于习惯而没有任何的价值？哪些会议在浪费我们的时间？我们需要破除哪些习惯才能变得卓越？

L——我们输在哪里？

尽管我们尽了最大努力，但我们在哪些方面仍然表现欠佳？为什么？谁做得更好？他们是如何做到的？

Y——我们需要抓住哪些机会？

有哪些新的机会值得我们关注？我们必须在哪些方面投入更多？

掌握"UGLY"练习能够帮助你快速地明确重点，在建立勇敢文化时选择一个好的起点。回答完这些问题后，还要与团队商讨需要团队成员在哪些业务领域贡献他们的最佳思维和新想法。在下一章中，我们将详细论述如何确保团队的所有成员能够清楚地认识到哪些是最重要的任务、团队的战略目标以及如何融入公司的文化。

第七章

厘清思路

你必须在做小事的同时考虑大事，这样所有的小事才会朝着正确的方向发展。

——阿尔文·托夫勒（Alvin Toffler），

《未来的冲击》（*Future Shock*）一书的作者

　　有一次，我们在场外协助举办一场高管会议的领导力专题讨论，一位名叫乔治（George）的金融服务运营总监主动要求发言，与我们分享了一则故事。我们根本没有料想到他会发表此番言论，事先也没有召开研讨会教他如何引导叙事。

　　我曾在阿富汗服役。有一天，我们一行人开着两辆悍马（Humvee）穿越沙漠。我坐在前车，另一辆车紧随其后。我注意到，我坐的这辆车的司机开得很快，我感觉不太对劲，并且愈发感觉紧张。我会开车，所以我知道这有多危险，但我又不想被认为是一个指手画脚的人，所以我一直在克制自己的情绪。最后，我拿出定位仪看看我们的车速究竟有多快。我惊讶地发现，即便在路况这么糟糕的情况下我们依旧以每小时75英里[①]的速度前进！对于当时的路况来说，每小时75英里的速度着实过快了，但我依旧没有说什么。此时，我的伙伴回头一看，发现第二辆车早已消失在我们的视野中。

　　后来我们才知道，第二辆车翻了，有一位伙伴因此失去了生命。我一直在想，如果我当时说出自己的担忧，或许就能

---

① 　1英里＝1.609千米

救他的命。

他接着说道：

我们今天谈论的都是真实发生的故事。即便你所发现的并非是生死攸关的大事，但它依旧很重要。我们要表现出足够关心，告诉对方事情的真相，但我们很少能够做到这一点。此外，我们必须弄清楚如何做好这件事。今天是一个重要的开始，我期待听到大家的想法。

乔治在开场白中明确地传递了这样的信息："你的关注很重要。我们需要足够关心才能说出真相。"这就是"清晰度"。希望你不会遇到乔治这样的事。谢天谢地，我们也的确没有经历过这样的事。但你一定经历过对你而言非常重要的事，你的团队需要你说出真相。在第五章的首次尝试练习中我们已经谈过类似的内容。如果你遗漏了这一环节，我们建议你放慢速度，重新完成该练习。

一旦你确立了清晰的认识，便能为给员工提供安全、信心和方向奠定坚实的基础。一旦你明确了自己的价值观并找到了最适合的故事帮助自己表达"为什么"，便为融入团队做好了充分的准备。此时，你无须洞察一切，只需要弄清楚践行自己的价值观会带来哪些影响，为什么自己的价值观如此重要，自己最重要的战略重点是什么，以及员工下一步应该怎么做。

回答员工的问题

当你开始谈论勇敢文化时，大多数员工自然而然会想到以下四个问题。

1.你究竟是什么意思

他们想知道勇敢文化会如何体现在他们的日常工作中。无论是否真的有员工问你这个问题，当他们想知道勇敢文化究竟是什么意思时，他们会产生以下这些疑问：

- 当你说希望他们维护客户的利益时，是否能举出一些真实的例子？

- 他们如何知道什么时候是安全的，什么时候有些过头了？

- 当你告诉他们希望他们能提出一些创新的想法时，究竟是希望他们提出什么样的想法？他们如何确保自己不会浪费时间想出一些无关紧要或不会得到帮助的想法？他们应该重点解决哪些问题？

- 他们如何构思想法才能被别人听到？

● 他们要如何确定上司会有所改变？因为这位上司是他们合作过的最不愿意冒险的微观领导者。他们怎么对付这样的领导者？

● 如果他们表现得很勇敢，但所说的一切都不奏效的时候，他们该怎么说？也就是说，他们要怎么做才不会被贴上消极的标签？

2.为什么勇敢文化能使员工获益

对于许多员工来说，你所描述的勇敢文化听起来似乎需要大家承担很多额外的工作，因此他们需要理解为什么勇敢文化能够使所有员工获益，确保你所描述的都是真实的内容。我们曾经听到一位高管告诉他的团队，他需要员工贡献自己最好的想法，"因为我们正在为公司的生死存亡而战"。竞争对手密切关注公司的一举一动，公司的股价又飘忽不定。但我们碰巧知道，当时开会的几位员工同时也在为自己的生活苦苦挣扎，他们不仅要照顾生病的家人、叛逆的孩子和年迈的父母，还面临着其他重大的生活困难。这些员工完全不知道高管在说什么，但他们依旧礼貌地点头回应，然后继续按照自己一贯的方式工作。虽然这位高管也解释了"为什么"，但却没有什么作用。

3.作为员工，他们是否可以相信你

无论你说了什么关于勇气和创新的内容，员工首先会观

察你做了什么，看看你是否做到了言行一致，否则他们不会听信你说的任何内容。此外，他们还会观察你是否会关注其他员工的所作所为。所以你在首次尝试练习中的表现会对员工产生较大的影响。你是否开辟了一条让员工感觉安全又容易模仿的路径？你是否注意到了所有的危险？是否帮助员工消除了障碍？在建立勇敢文化的早期阶段，你要做的最重要的工作就是定义你的价值观，并引导有关勇气和恐惧的叙事（见第五章）。

4.你对员工有什么期待

转变行为是改变公司文化的唯一办法。就好像你生活中的所有转变，归根结底都是由于某种行为的改变。如果你决心成为一名铁人三项运动员，但从未跑完过5千米的长跑，那么你首先要系好鞋带，从短跑开始练习。假如你第一个周末就开始上游泳课改善泳姿、进行重量训练增强自己的耐力、骑自行车穿越韦尔山口（Vail Pass），最终一定会灰心丧气、浑身酸痛，丝毫感受不到做铁人三项运动员的乐趣。

除非你的公司处于从零开始建立公司文化的特殊阶段，比如像我们曾经合作过的一些快速扩张的初创企业，否则你无法没来由地突然宣布"我们要建立勇敢文化！"我们建议你首先与团队一起阅读本书，共同描绘成功建立勇敢文化后的情形。在本章结尾处的"首次尝试练习"中，我们将介绍相关的方法供你参考。接着，找出团队首先需要转变的一系列行为，调整这些行为。例如，思考如何做才能对公司产生最大的影响，是更关注问题解决，构思更多创新的想法，还是让团队更专注于维护客户的利益。

乔治选择了其中的一个方面着手，即"我们需要足够关心才能说出真相"。当然，他希望不同地区的团队分享他们的最佳实践，从而碰撞出最好的想法，也希望团队能够更具战略性地解决问题。但他知道，对于他的团队来说，最重要的是在出现问题时，团队成员有直言不讳的勇气。

让团队专注于最重要任务的方法

创新始于信息。如果你希望你的团队能够解决更多问题或提出更多想法，那么就需要团队成员知道你的目标是什么以及为了完成目标，最重要的任务是什么。此外，团队成员还需要明确一到三个公司总体的战略重点，他们的想法能够在这其中的哪些方面产生最大的影响，有哪些值得分享的最佳实践。如果你希望团队成员能够维护客户的利益，他们需要明确哪些具体的行为是在维护客户的利益，以及如何评价自己的行为。

明确重点

有些领导者因公司缺乏创新或无法解决问题而感到沮丧，究其根本是因为大多数情况下员工被多个优先事项搞得不知所措。员工认为所有的任务都是紧迫且重要的任务。当经理询问他们的想法时，他们不知道从何下手，所以只能一言不发。

清晰的价值观、流程和目标是员工能够创新和解决问题的基础。塔玛拉·甘杜尔（Tamara Ghandour）是跨国创新公司LaunchStreet的创始人，她提出了创新商数优势这一概念，并强烈建议领导者要首先明确自己需要在哪方面进行创新。在与塔玛拉的对话中，她解释说：

虽然明确公司的战略重点不能解决所有问题，但却能引领公司走上创新的正确道路。如果连公司的战略重点都无法明确，那么根本不可能实现创新。虽然你有很多选择，但却不知道哪种选择才是正确的。一旦发现自己误入歧途，便会倍感沮丧。清晰度能为你指引一条明确的道路，引领你带着好奇心不断前行。在此过程中发现的创新不仅意义深远，且长久适用。

说回到金融服务会议，乔治在那次会议上用自己的故事，生动形象地让团队意识到告诉彼此真相的重要性。所有与会的领导在会议结束后，纷纷与自己的团队开会，期待团队的每位成员都能够清晰地知晓公司的三大核心战略重点，为什么这些战略重点如此重要，并能够创造性地解决问题，从而明确哪些具体的活动和行为能够快速取得进展。

检查理解程度

玛丽是一位充满活力的副总裁，她也在会后召集手下的所有经理开会，并且她还是第一批召集开会的领导者之一。她以一段极度鼓舞人心的讲话拉开了会议的序幕。她讲的故事异常精彩，并努力解释他们"为什么"要这么做。最重要的是，她具体阐释了公司的战略重点对于每位经理的具体含义，以及他们具体需要改变哪些行为。

但环顾会议室，我们却发现没有一个人做笔记。每个人都只是礼貌地对她回以微笑。我们有一种预感，所有在座的与会人员都没有真正领会她想要传递的信息。她把麦克风递给我们，示意我们开始引导大家，我们问道："谁能复述一下玛丽谈到的三个战略重点中的任何一项？"

你甚至可以听到现场窸窸窣窣的声音。玛丽惊讶地瞪大了眼睛。她非常失望，她为准备这次的会议做了大量的工作，但就目前情况而言，这次会议无法改变经理的任何行为，也无法为激发新的想法奠定基础。谈到清晰度，一致的沟通只完成了一半，另一半则需要其他人的参与，你必须确保你的团队成员都能参与其中（在第十一章"激发员工的才能"中，我们将介绍更多增进员工参与度的方法）。

玛丽的团队无法复述任何一项战略重点并不是因为参会的经理没有听，也并非因为他们不在乎。他们的确听了玛丽所说的战略重点，也十分在乎，但玛丽传达的方式让经理感觉是在看电视，实际上是被动地接收信息。玛丽需要变换一种方式，让经理有一定的时间消化和交流自己听到的内容。

玛丽需要通过扼要重述和反馈循环的方式增强经理的参与度。我们称这种沟通反馈循环为"检查理解程度"。我们请玛丽再次简要地描述三大战略重点，这次她放慢了速度，从容不迫地又说了一遍。然后，我们又问了一遍刚才的问题。

这一次，每位经理不但能够复述三大战略重点，甚至已经将此牢记于心。一个小时后，我们再次询问。"玛丽所说的三大战略重点是什么？"他们的记忆更加深刻了。仅仅是额外要求团队成员复述自己听到的内容，他们理解的程度就天差地别。所以，只需做出一点点微小的转变，便能收获不错的效果。

领导者觉得团队成员较为聪明，对团队的工作也十分在意，因此很容易认为他们能够第一时间明白自己表达的内容。如果你能意识到这一点，说明你已经精心设计了自己想要表达的内容，试图传递谨慎而有效的领导信息。但事实是，他们只是被动地接收你所传递的信息。你参加了计划会议，明白其中的奥义和背景故事。虽然你所说的都是重要的战略重点，但对他们来说，需要同时消化太多的信息。还有一种可能是，他们一边要消化第一条战略重点以及这对他们而言意味着什么，一边还要考虑如何处理由于客户服务危机导致客服电话被打爆的问题，也要担心自己的孩子是否留意到了自己早上出门时留给他的一片午餐肉。

当你检查团队成员的理解程度时，重要的是要了解团队的成员是否明白了你所说的内容，与此同时，理解他们的感受也很重要。在管理职业生涯的早期，卡琳曾经遇到一位名叫雷（Ray）的上司，雷非常机敏，卡琳从他身上学到了很多。过去，卡琳在会议结束时总是格外热情地对员工说："谢谢大家，你们已经非常出色地完成了这一计划的前期部分！我相信我们一定会完美地完成这一计划，现在开始动手吧！"

但事实是，恰恰是她的过分乐观，导致她的团队成员不敢表达。在士气高涨的团队中，没有人想成为那个唱衰者。但雷把她拉到一边，建议她说："卡琳，与其在会议结束时告诉每个人未来将会有多棒，不如问'大家感觉如何？'"

　　卡琳做出了相应的调整，委婉地邀请团队的成员告诉自己他们真实的担忧。她刚开始尝试做出调整，就听到了一些合理的担忧，例如："好吧，我担心电子部门的带宽不足以支撑我们完成手头的所有工作。"或者，"这是一个不错的主意，而且你刚刚所说的27个想法也都不错，但你究竟想让我们先从哪里下手？"

　　有效检查团队成员的理解程度可以提高成员的参与度，确保所有成员都能达成共识，并提出一些可能会被忽视的问题。如果团队中的成员不能确定自己正在做什么，没有正确的想法，就不能实践创新或解决问题。

　　总之，当你考虑如何调整才能建立勇敢文化时，首先要明确自己的目标是什么，即你的价值观、行为究竟是什么。什么样的价值观能够指导行为？哪些行为对成功至关重要？明确自己的团队应该集中精力思考哪些战略领域。请记住，信息才能推动创新。

首次尝试练习

畅想勇敢文化的愿景

　　现在，你不仅需要定义公司勇敢文化的标准，还要考虑自己首先要着手改变哪些行为。召集自己的直接下属团队共同完成本章的愿景练习。完成这一练习之后，你会非常清楚什么样的公司才是一个集合了小微创新者、问题解决者和客户代言人的公司，也会明确自己应该着手哪些具体的行为。

🤝 目标

- 明确想要建立的勇敢文化的具体愿景。
- 你和你的团队至少开始专注于一项有助于提升业务和鼓舞士气的行为。

🤝 所需时间

大约两个小时。

🤝 过程

（1）明确建立勇敢文化需要关注哪些重点领域：微创新、解决问题或维护客户利益。例如，你或许一心想要解决问题和创新，但在维护客户利益方面还没有完全做好准备。或者反之，你想要重点提升客户的体验，所以首先想要明确如何才能维护好客户的利益。又或许你希望从小处着手，将团队的重心放在解决影响客户的问题或如何更有创意地解决客户问题。再或者，你可能像乔治一样，希望通过一种尊重他人的方式说出真相来专注于解决问题。

（2）根据你在第一步中确定的重点领域，提出相关的重点问题。例如：

- 想象一下，如果从现在开始的两年后，公司的各个级别的员工都完成了微创新。那么在高管、经理和一线员工的身上，我们会看到哪些行为？

● 如果公司中的每个员工都被赋予了主动权并且鼓励他们维护客户的利益，这对我们来说到底意味着什么？在高管、经理和一线员工的身上，我们又会看到哪些行为？

● 我们如何更好地解决影响公司业务的最重要的问题？我们需要培养、鼓励和奖励高管、经理和一线员工的哪些行为？

请注意，这些问题都集中在行为的识别上。行为的识别对于你是否能够清楚地描述、训练、强化、观察和衡量自己的愿景至关重要。有一种方法可以确保在与直接下属的对话过程中，能够将焦点集中在行为上，那就是想象自己聘请一名摄像师来记录两年后的某一天发生的事情。当你的愿景成为现实后，他会捕捉到哪些行为？

（3）发给直接下属团队的每位成员三叠颜色不同的便笺纸。每种颜色各代表公司内部的不同级别的员工：高管、经理和一线员工。与团队分享你的重点问题，并要求他们默默地思考，假如公司实现了既定的愿景，他们会在公司的各个级别的员工身上看到哪些相关的行为。每张便笺纸上写出一种行为，并要求他们写出各个级别的员工的行为。完成这个步骤后，每个人的手上都会有三沓便笺纸。注意：虽然你很希望通过小组讨论的形式完成这一步骤，但要求所有成员独自完成这一练习可以确保团队中的每位成员都贡献自己最好的想法，并让这些想法发挥自己的价值。

🤝 示例行为可能包括：

高管

● 不断与客户交谈从而了解他们的观点。

● 赞赏各个级别的员工做出的创新。

● 培训员工如何解决问题和批判性地思考。

经理

● 确保所有员工都了解公司的战略重点以及公司需要他们的最佳想法来提升业务。

● 每次团队会议开始时，都勇敢地提出一个问题。

● 与同行分享最佳做法。

一线员工

● 发现问题就勇于指出。

● 经常反思："如何才能做得更好？"

● 制订出富有创意的解决方案来取悦客户。

（4）规划出三个专门的区域供团队成员粘贴所写的便笺，将高管、经理、一线员工的评论分别粘贴到不同的区域。

（5）待团队所有的成员粘贴完相应的便签后，共同回顾每个人所写的内容。当大家通读完所有便笺后，将相似的行为或主题重新排列，归纳为不同的集合，继而让各个级别的员工归纳出他们认为哪个集合的行为或主题会对实现目标愿景产生最大的影响。

（6）团队共同讨论最重要的集合。出现了哪些主题？公司各级别的员工的优先事项是否一致？还是因级别的不同而有所差异？与团队成员共同决定各个级别员工应该首先着手的一个（最多两个）行为，由此结束讨论。

（7）团队共同讨论管理层应该首先着手哪些行为。你将如何实践这一行为？安排三十天后的某个时间检查自己的进度。

第八章

培养好奇心

我们支付员工薪水不只是请他们来工作，更重要的是希望他们贡献出自己创新的、绝妙的、改变世界的想法。

——莱斯利·沃德（Leslt Ward），佛罗里达大学杰克森维尔医疗中心人力资源副总裁

　　劳拉（Laura）是一家中型能源公司的信息技术副总裁，她很高兴能与她的团队一起工作，她与自己的直接下属团队召开过几次跨级别会议，检查新系统的运行情况。她的团队每周都会举行电话会议，共同讨论用户的体验，得到的都是积极的反馈。劳拉希望收集一些典型的事例向首席执行官汇报，了解新系统如何简化客服代表的工作并最终为客户提供便利。

　　在第一次开会之前，劳拉坐下来和一位客服代表交谈："你能告诉我你最喜欢新系统的哪部分吗？"

　　这位客服代表试图打开第一个界面。但五分钟后，他们依然只能盯着屏幕上的沙漏，等待页面加载完成。客服代表抱歉地看着劳拉，对她说："很抱歉浪费了您的时间。通常情况下，加载这个页面需要一点时间。"

　　劳拉惊掉了下巴。供应商曾承诺新系统会比旧系统快七倍，绝不是慢七倍。"你能再打开一个其他的页面给我看看吗？"她问。

　　她又坐着等待页面缓慢地加载完毕。她转头问这位客服代表："一直都是这样的情况吗？"

　　"是的。我们已经习惯了，但这个系统其他的一些功能还是非常不错的。"

劳拉向这位客服代表表达了感谢，随后便立刻走进一间安静的会议室召集团队成员参加电话会议。经过十分钟的测试，他们发现中心的服务器无法运行新系统，数百名客服代表却一直在忍受荒谬的等待，浪费了自己和客户的时间。

过去的几周，主管们做过测试，已经完全意识到了这个问题的存在，但都只字未提。

在更换服务器并确保一切恢复正常后，劳拉再次回到用户体验团队的客服代表那里，询问他们为什么从未提出过这个问题。

好吧，从来没有人问过我们关于速度的问题，但我们的上司告诉我们，我们无论如何都需要成为"变革推动者"并且为新系统树立正面的榜样。因此，我们在任何情况下都不能表达负面的信息，只能微笑着接受它、处理它。

在本书的开头部分，我们引用了一些沮丧的高管的名言。他们和劳拉有着同样的困惑，即有些事情看似简单，团队所有成员也都相当称职和关心公司的发展，但结果却不尽如人意。这些高管的公司中，公司文化的共同特点是安全沉默。在上一章中，你已经建立了清晰的基准。若想将公司的沉默文化转变为持续贡献，下一步要做的就是培养好奇心。

培养好奇心意味着有意识地寻求想法、参与和找到解决方案。在好奇心文化较为浓厚的公司中，高管会构建好相应的基础制度，做好相关的培训，从而鼓励员工微创新、分享想法和维护客户利益。各级领导为了发现新想法会不断地提出问题，员工也会不断寻找如何更好地完成工作的方法，分享自己的新发现。

劳拉的情况并非个例。"没人问"这样的回答不仅令人沮丧，也是建立勇敢文化最常见的障碍之一。回想一下员工不分享想法的主要原因：

（1）员工认为领导者不需要自己的想法。

（2）无人问津。

（3）员工缺乏表达的信心。

（4）员工缺乏有效的表达技能。

（5）员工认为即便表达了自己的观点，也不会带来任何改变，所以就无须多此一举。

很明显，提问可以有效地克服这些障碍，尤其是"无人问津"这一点。正如一位工程设计经理与我们分享的那样："如果员工不愿意分享他们的想法，要么是因为害怕，要么是因为不知道如何分享。他们不觉得自己的执行计划足够好，或者是不确定我们是否会采纳他们的想法。"如果员工经常被询问，经常收到回应，他们会认为自己的想法很有价值，也会因此增强分享的信心。

如何培养好奇心

培养好奇心不仅仅是多问问题。虽然多问问题有助于培养好奇心，但只会提问是不够的。建立了勇敢文化的公司中，领导者都会定期有技巧地向员工提问。领导者需要以能够激发员工的最佳想法、新想法和以客户为中心的解决方案的方式向员工提问。每位员工都知道，当领导者提问时，是发自内心地想要了解情况，并且会根据所了解的情况采取相应的行动。在勇敢文化中，领导者提问题的方式有别于其他的领导者，他们的提问通常凸显了三个特征：主动提出问题、承认自己的不足、行为导向。

主动提出问题

若想培养员工的好奇心，领导者必须主动提出诸多问题。领导者提出的问题数量甚至可以多达看似不合理的程度，这样的做法远远超过了开门政策的要求。事实上，大多数开门政策都是领导层的被动逃避。"我很平易近人。我办公室的大门始终向员工敞开"，借此将责任从领导者身上转嫁至团队。但这就是问题所在，你永远无法通过这扇敞开的大门获得大多数你所需要的想法，因为员工需要克服太多的障碍才能走进这扇门。对于员工而言，这已经超出了他们常规的工作范围，他们也不知道领导者会如何回应他们的想法，又或者说领导者甚至也没有意识到他们想要分享某个想法。伦敦商学院（London Business School）的高管项目主任约翰·多尔（John Dore）解释说，仅仅是允许员工表达是远远不够的。"不能只是允许员工创新，要期待员工创新。当我们听到某件事是'被允许'或'可以做'时，员工会自然地产生羞怯的反应。"为了克服员工这种迟疑的态度，领导者要有意识地提出问题并制定相关的制度，让表达成为常态。

承认自己的不足

你一定遇到过这样的领导者：他们一方面征求大家的反馈意见，但却又防御性地捍卫自己的决策、驳回所有的反对意见。或者你自己就是这样的领导者。正如才华横溢的领导者洛伦佐（Lorenzo）在第一次担任高级领导职务时对大卫说的那样，"你征求我的意见，但现在又告诉我，我给出的所有理由都是错误的。那我又何必要浪费自己的时间？"领导者若想培养员工的好奇心，必须要以自信和谦逊的态度对待自己的工作。如果你没有足够的勇气承认自己仍有进步的空间，承认仍需改善目前的情况，或者承认可能会出现更好的方法，那么你永远不会得到自己需要的想法。

行为导向

我们都参加过战略规划会和分组讨论会。会议上，领导者提出问题，但在座的每个人都知道问题的答案并不重要。有时，即便领导者有意想要征求员工的意见，也没有能力和意愿将员工提出的意见付诸行动。因此，实践勇敢文化循环的清晰度阶段就显得至关重要：你要赢得团队的信任，使团队成员相信你会把好想法付诸实践。若想培养员工的好奇心，你得让员工相信你会就自己了解的信息采取行动。将想法付诸行动的方式有很多，可能是因为员工的反馈影响了你的决定，所以你实施了某个想法，或者是你接受了全部的想法，继而做出下一步的回应，又或者你只是让团队根据他们的想法采取行动。

如何有效激发员工的最佳创意

当我们研究那些主动提出的、承认自己的不足、行为导向的问题时，我们不难发现：这些问题本身就是勇敢问题。这些问题有别于一般的领导者提出的常规意义上的改进问题。这些问题就是培养员工好奇心的最有效的方法。

科学地提出勇敢问题

勇敢问题使员工不再担心你是否想听他们的想法，也不再怀疑你是否有信心和能力将他们的想法付诸行动。勇敢问题在以下三个方面有别于"我们怎样才能变得更好？"这样的一般问题。提出勇敢问题时，你要做到：

（1）提出具体的问题。首先，勇敢问题侧重于对某个具体的活动、行为或结果的提问，这是培养好奇心的关键行为。我们偶尔会听到领导者抱怨员工表达的想法质量不高，或者说员工给出的想法大多与公司最重要的战略优先事项无关。解决方式很简单：结合自己的需要向员工提问。

例如，与其问"我们如何改进？"不如问："我们最大的客户对我们最不满意的是什么地方？你的分析是什么？如果我们解决了这个问题会发生什么？我们该如何解决这一问题？"或者问员工，"在接下来的两个季度中，我们最重要的优先事项是留住客户。我们需要任何能够帮助公司留住最优质客户的想法。你认为客户流失的首要原因是什么？公司留住最优质客户所面临的最大困难是什么？我们可以采取哪些低成本的措施来提升客户体验？"

（2）谦虚。接下来，提出勇敢问题能够帮助你承认自己的不足。当你问员工以下的任何示例问题时，实际是在含蓄地说："我知道我并不完美。我知道我需要改进。"如果你足够真诚，提问这样的问题就能够释放强烈的信息。

你传递出的信息是，你正在成长，想要进步。反过来，这也会影响你的团队成员，让他们取得进步并参与你成长进步的过程。与此同时，这也能使员工认为，分享自己真实的反馈意见是安全的。当你说"最大的困难是什么？"时，就表明你承认当下面临着实际的困难并且真的想要了解困难究竟是什么。

Mural（壁画）公司的首席运营官唐·耶格尔（Don Yager）经常问他的一线团队这个问题："我们的哪些政策很糟糕？"这个不起眼的问题传递出了一种谦虚的态度，因此很快就使公司明确了阻碍客户获得良好体验的所有因素。

（3）暂不回应。最后，勇敢的问题要求提问者不设防地倾听。这也是好心的领导者经常陷入麻烦的地方。他们提出了一个不错的问题，但他们没有准备好听到让他们感到不舒服或挑战他们所擅长的领域的意见。所以，他们会立即为自己解释或辩护。

征求员工的反馈意见但却忽视这些意见，甚至比根本不征求员工的意见更糟糕。当你提出一个勇敢问题后，就应该允许自己接受反馈意见。你可以做笔记，感谢大家抽出时间回答你提出的问题，谢谢他们有信心分享自己的观点。提问了众多勇敢问题后，即便收到许多相互矛盾的观点也没关系。继续进行下一步。如果你需要思考后再做回应，请告诉他们你何时会回复。

如果领导者真的有意培养员工的好奇心，提问勇敢问题是必经之路。查看下方工具栏中的勇敢问题的示例，以此帮助你开始提出勇敢问题。

如何提出勇敢问题

- 有什么问题是没有人谈论过的？

- 我们做了什么令客户真正恼火的事情？

- 最影响你工作效率的因素是什么？

- 如果想要成功，作为领导者，我必须在哪些方面做得更好？

- 你认为下次我们可以采取哪些不同的措施来帮助这个项目（或个人）取得成功？

- 在我们开始这一转变之前，你有什么建议？

- 对于这个计划/项目/流程，你最担心的是什么？

- 你与某部门工作时，引发冲突的首要原因是什么？（我们如何帮助解决这个问题？）

- 是什么阻碍了我们取得成功？

询问"我们该怎么做"

"我们该怎么做"这六个字是培养好奇心最有效的勇敢问题之一。当你的团队陷入相互冲突的目标或约束条件时，"我们该怎么做？"这一问题可以帮助他们摆脱困境，激发其产生新的想法。这个问题也能帮助你的团队树立成功的信心，相信自己能够实现目标。但这一问题也委婉地承认了目前你还没有找到答案。团队可以实现目标，但这需要所有人共同讨论出应该怎么做。

当你问出"我们该怎么做？"这个问题后，继而需要找到两个看似不相关或相反的目标之间的结合点。"我们该怎么做"这个问题之所以有效，是因为它让你的团队专注于寻找问题的解决方案。你绝不会过分专注于眼前的困难、障碍和限制，而是指导团队寻找可能的解决方案。这一问题也营造了一种完全不同的氛围，甚至可以使团队中最不上进的成员搁置现有的异议，努力寻找解决方案。

留出思考的时间

在与贝斯卡公司的联合创始人杰森·弗里德的对话中，他告诉我们他发现如果领导者因为员工无法创造性地解决问题而感到沮丧，那么就应该关注员工的工作负荷情况了。他指出："创造性地解决问题需要时间去思考、斟酌和打磨。但大多数公司没有留给员工这样做的时间。员工的日程表被安排得满满当当，但许多领导者并没有意识到自己给员工安排了过多的工作。"给员工留出反思的时间并不是一件容易的事情，但如果你希望实现这样的转变，就应该先考虑清楚，如果你发现某位工作效率较高的团队成员站在窗口发呆，你会有何反应。当你问他："嘿，你在做什么呢？"时，他会回答说："思考。"

创造性地培养好奇心的方法

在我们的研究中，我们总结出了一些非常有效的方法，帮助领导者激发员工的最佳想法、新想法和以客户为中心的解决方案。我们在本章中介绍了一些我们非常推荐的方法，也相信其中一定有一个或多个方法适用于你，或者能够帮助你探索出一种创造性的方式激发员工的最佳想法。

按下按钮

CX Accelerator的联合创始人奈特·布朗（Nate Brown）在一线团队的所有成员的办公桌上配备了"CX魔术按钮"。这个按钮可以通过USB接口连接电脑。当员工有任何有关改善客户体验的想法时，都可以直接按下按钮，她的电脑桌面就会自动弹出一个表格，方便她记录自己的想法或客户的反馈。这个按钮不断地提醒员工可以采取一种轻松有趣的方式维护客户的利益。随后，奈特会在与团队交谈时和大家深入探讨接收到的内容。

美商泰优（TaskUs）是一家快速发展的提供技术支持的商业服务公司。公司的运营副总裁乔恩·金（Jon King）开设了一个问乔恩（AskJon）的电子邮件账户，专门用于接收员工的创新和团队建设的想法。这个邮箱不断地收到一系列绝妙的想法，包括为困难家庭分发食物等。乔恩说："这一做法显著增强了彼此间的信任和尊重。"

从患者的角度出发

WellSpan Health康复临床运营总监吉尔先生（Jill K.）分享了这样的一个最佳做法：

"我们指派一名团队成员在相关会议上代表患者发言。当轮到某位团队成员以患者身份参加会议时，他在参会期间会从与平常不同的角度思考问题。他需要像患者一样思考和说话。如果轮到你以患者的身份发言，你也必须要这么做。当我们做出影响患者体验的决定时，你只需要考虑'作为患者，我需要什么？我想要说什么？'"

我们在构建电子文档系统时充分利用了这一方法。例如，我们正在开发一个用于急症护理病房的调度系统，这样各科室就不需要同时出现在急症护理病房里接诊患者。康复病房会知道患者何时要接受检查、进行影像检查或接受呼吸治疗师的看诊。这很重要，因为在过去，我们需要找到一间空的病房，各科室的医生同时出现在这间病房里为患者进行临床治疗。

在这次的讨论中，"患者"举起手说："我也想知道我一天的安排。我想知道我的医生什么时候来看我。我的家人也想知道我何时接受治疗，这样他们就可以前来陪护。"讨论的结果是，我们需要使我们对患者的安排"透明化"。虽然这一点仍在改革当中，但一定会产生巨大的影响。

试验解决方案

有一次，当我们正在按照标准化流程组织一场高管的场外会议时，副总裁乔什（Josh）说："我们能不能用一分钟的时间说说大家的真实想法？有多少个团队已经制订了有效的解决方法来完成自己的工作？"

会场内的所有高管都勉强地举起了手。

他继续说道：

我们怎么知道现行的解决方案是所有人都应该推崇的好方法，还是会为未来埋下隐患的草率的做法？其中有些解决方案可能会改变当下的局面，使所有人获益。但我敢肯定，如果我们知道这些做法会改变局面，那么我们都会畏缩，因为我们想要把控正在发生的事情。我们是否可以安排一周的时间作为变通试验周，在这一周内，团队所有成员都可以分享他们实际是如何完成工作的。当然，我们保证，即便有人没有遵守公司的规定我们也不会追究，任何人不会因此惹上麻烦。这样的做法能够确保员工会告诉我们真相。我们可以得到真正好的想法和最佳实践，并弄清楚如何使所有员工都能适用最佳的想法和实践，摒弃使我们陷入困境的解决方案，解释清楚为什么这些解决方案并不可行。

于是，试验解决方案这一概念就应运而生了。用一周的宽恕期试验解决方案，借此帮助领导者发现和解决效率低下的问题，发现和衡量一线员工做出的改进。

举办团队策划会

莫莉（Molly）是一家科技巨头的董事，通过团队策划会议为团队创造了一个众包创意的机会。所有团队成员都分享了各自正在努力应对的战略性业务挑战，征求团队其他成员的意见。团队的成员都有机会介绍自己当下面临的挑战，解释为什么如此困难，自己做出了哪些尝试，以及需要哪些方面的想法。一旦他们说明了自己面临的挑战，其他团队成员就要提出探索性的问题并分享他们的最佳想法。

在线分享想法

我们已经了解了几种用于鼓励员工分享和沟通想法的方法。在与一家大型金融服务公司的董事卡洛斯（Carlos）的对话中，他指出，他所在的公司利用一个线上的系统众包审查员工的想法。员工在线分享他们的想法、微创新或最佳实践。系统会立即将这一想法发送给他们的主管，主管也会快速地进行审查。如果这个想法达到了基本标准，主管就会分享这一想法。随后，就像在社交媒体平台上一样，赞同这一想法的员工可以"点赞"支持。这样一来，最受欢迎的解决方案会上升到系统页面的首位，以供进一步的研究和审查。

在白板写下想法

我们采访过的几位领导者都谈到了白板系统，也就是说员工可以在白板上写下他们的想法。在团队人数较少或技术众包不现实的情况下，可以采取这种技术要求较低的解决方案。同事们可以在一天的工作中贡献更多的想法。

"带个朋友"参加会议

在提出新的战略问题时，我们很容易认为必须彻底了解清楚这一战略问题，否则会浪费团队的时间。我们还发现，许多领导者在提拔尚未充分形成解决问题方法和战略思维能力的员工时，会十分纠结。但如果你真的希望培养员工的领导能力和好奇心，有时在你（或他们）还没有想到解决方案之前，让他们参与其中也很重要。让他们知道你也在困难中挣扎，希望寻求他们的意见。"我们可以这么做……但也要考虑到这一点、那一点……以及其他的因素。"一种简单的做法是"带个朋友"参加员工会议。卡琳在职业生涯早期从她最喜欢的一位上司莫琳（Maureen）那里学到了这种方法。领导者可以偶尔邀请自己的直接下属带一位他极具潜力的下属参加员工会议。当然，会上要避免谈及任何过于敏感的话题，但也要尽可能透明。

好奇心之旅

好奇心之旅的深层目标是在了解当下所发生的事情以及事情实际运作方式的同时，建立信任、激励自己的团队。好奇心之旅就像是走动管理，但重点更为明确。你唯一要做的就是带着好奇心出现在工作场合。当你观察员工时，向他们提问：

- 为什么员工会用这种方式工作？

- 客户会如何反应？

- 会遇到什么困难？

- 哪些工作与我预期的不同（更好或更差）？

- 团队能教会我哪些我不知道的东西？

这些培养好奇心的最佳实践有几个共同点。首先，使分享想法成为常态。在员工看来，分享自己的想法不是什么特别的事情，也无须付出额外的努力。领导者可以期待员工分享自己的想法。其次，拥有辅助提问的系统。无论是魔术按钮、众包反馈平台、团队成员的角色扮演，甚至是普通的白板，有一套辅助领导者提问的机制。

最后，团队的所有成员都能看到他人分享的想法。一个团队成员在团队会议上扮演病人的角色说"我想知道我一天的安排"，与找到领导者表达同样的想法，两种做法的影响截然不同。你可以看到你的同伴按下了那个神奇的按钮。当你众包员工的反馈时，每个人都会看到分享的内容。让团队的所有成员都能看到他人分享的想法，可以使分享想法的行为常态化，并让所有成员都有机会回应和思考想法。

摒弃安全的沉默

即使建立了最有效的分享想法的机制，领导者也敢于提出勇敢问题，但有时还需要付出额外的努力才能激发团队成员的最佳想法。首先，领导者要确保分享想法是安全的。团队的成员会担忧：领导者真的想听我说的话吗？分享与领导者不同的批判性的意见或观点是否安全？领导者是否足够谦虚地听取我的反馈？领导者是否有足够的信心和能力将我的意见付诸行动？

此外，领导者还需要考虑员工表达出来既往受伤经历的问题。即使你是员工遇到的最乐于接受意见的领导者，但他们过去或许经历过某些领导者压制了他们表达的好主意，甚至因为他们的直言不讳对他们进行打击报复。我们经常听到这样的故事——"我上一次分享我的想法后就遇到了麻烦"。如果领导者想要鼓励员工表达他们最好的想法，就需要解决这些问题。你的目的是构建一个思想自由流动，大家能够畅所欲言的工作环境。但是如果你还未能做到这一点，该怎么办？如果你觉得团队的成员不愿分享自己的想法或说出真相，你需要先在表达的流程中明确地提高表达的匿名性。

可见的匿名性指的是每位团队成员都知道其他成员发表了意见，但却不知道具体某一条意见是谁发表的。这种做法使团队成员认为表达自己的意见是一件正常的事情，并且不用冒着提出的想法不被大家接受的风险。与此形成对比的是，我们发现某个团队所采取的匿名发言的方式是：领导者在一间密室里设置了一个意见箱。团队成员进到密室的唯一要做的就是提交自己的建议。为了解决这一问题，领导者还在意见箱的旁边摆放了一碗糖果。团队成员去到这间密室可能是为了去拿糖果或者是为了提出自己的建议。

这位领导者虽然已经尽力使团队成员表达自己的想法变成一件安全的事情，但仔细想想这样的做法实际传递了哪些信息？整个的系统依然明显地告诉你："表达自己的想法是有风险的，让团队的其他成员认为你在吃糖果，总好过认为你在为团队或公司的发展建言献策。"

搜寻恐惧

搜寻恐惧是一种利用可见的匿名性培养好奇心，触发焦虑或担忧的方式。我最喜欢的一个例子是，有一次，我们组织一群成功的高级领导人召开高管的场外会议，这些领导者在会上需要商讨一项战略计划，这项计划要求各个部门之间的合作呈指数级增长，而这些部门地理位置相对分散，很少合作，并且是相互竞争的关系。会上，我们做了掌握"UGLY"练习（见第六章中的首次尝试练习），但我们有一种预感，我们没有触及问题的核心，高管们都在礼貌地谈话，一直在兜圈子。我们担心，如果他们没有意识到问题的关键，不就此展开讨论，他们精心制订的计划根本不会收获任何成效。

于是，我们发给每位领导者一张索引卡，匿名写下他们对这一计划的希望和恐惧。希望无非就是那几类：希望该计划能够增加收入、改善客户体验并实现品牌升级。此外，在座的领导者就计划的重要性也达成了一致的意见。但最有趣是，大家的担忧也基本一致。与会的所有领导者都担心同样的事情：在座的其他领导者能否很好地执行这项策略？但在会上没有人提出这个问题。于是，我们开始大声读出大家表达的相似的恐惧。读完三分之二的索引卡后，大家都理解了问题的关键。如果高层领导都如此担心彼此的执行能力，那么如何说服各自的团队承担相应的风险？在他们履行各自的任务之前，需要实际地谈论彼此的看法和担忧。搜寻恐惧练习是一种快速而简单的方法，可以帮助大家探讨未曾表达过的恐惧和担忧。

你可以使用以下几种方法，利用可见的匿名消除安全的沉默：

● 快速进行一次只有两到三个问题的线上调查，以供下次开会时讨论。

● 与团队成员进行一对一的交流（这样所有成员都知道你在和每个人交谈）。

● 请一位中间人帮助你了解团队成员的感受和想法。

● 让团队的所有成员在各自的便条卡上写下自己的一个关

键问题或担忧，收集卡片后重新分发，要求每个人读出他们拿到的卡片上所写的问题或担忧。

你不必一直依赖这些方法，但是当你的团队陷入困境时，你可以利用这些方法，建立信任并为团队合作打下基础。下一章介绍的方法将帮助你利用在这些活动中学到的东西，使员工从害怕表达转变为能够践行勇敢文化。

首次尝试练习

勇敢问题

 目标

- 检查你的团队在第七章中确定的行为。

- 确定最适合你的团队培养好奇心的方法，并进行试验。

- 选择最适合的勇敢问题，制订提出这些问题的计划。

所需时间

大约一小时。

过程

在上一章中，你和你的团队共同设定了公司的愿景，并确定了每个人都能长期坚持的一些具体行为，以此开始在公司建立勇敢文化。在开始完成接下来的首次尝试练习之前，请务必检查并询问这些做法是否有效以及对大家有哪些影响。

组织你的直接下属团队一起回答以下问题：

● 你最需要团队在哪些方面贡献最佳创意？你最应该好奇的是什么？

● 你将使用哪些培养好奇心的方法来激发团队的最佳创意？

● 你最需要向团队提出哪些勇敢问题（参见本章前半部分工具栏中的问题）？

● 你什么时候开始使用培养好奇心的方法？或者说，你什么时候提出你设定的勇敢问题？

第九章

以尊重的方式回应员工的想法

———

最伟大的想法往往都衍生于新奇的事物，继而才被人们熟知。

——亚当·格兰特（Adam Grant），《沃顿商学院最受欢迎的成功课》（*Give and Take*）、《离经叛道》（*Originals*）作者

梅琳达（Melinda）是一位经验丰富的企业家、演讲家，白手起家创办了一家非常成功的企业。卡琳在某次开会时遇到了梅琳达，二人在那次会议上都做了发言。考虑到她过去成功的经验，卡琳认为，梅琳达所说的事情十分令人惊讶：

我对你做的有关FOSU的研究以及对员工和公司所产生的后续的影响非常感兴趣。事实上，我就是那些人中的一员。在我23岁的时候，我也有过如此糟糕的经历，以至于我再也不会在工作的场合发表自己的意见。

那会儿我刚刚大学毕业，非常渴望在我的岗位上做出一番成就。我有很多想法，并且一直在摸索如何更出色地完成工作。所以对任何事情，我都发表自己的看法。但事实证明，这样的做法令我周围的同事苦不堪言。于是，我被解雇了，于我而言无疑是一次毁灭性的打击。毕竟，我的本意是好的。我非常努力，但事实是我的努力用错了地方。

从那以后，我换了一份新的工作，我只会埋头苦干，一言不发，做好本职工作。所以，我变成了你所说的害怕表达的人。我很痛苦。这就是为什么我最终不得不自己创业，因为我非常清楚，我再也不会对领导直言不讳了。

梅琳达的经历就是典型的勇敢文化运行不畅的例子：当员工说出了自己的想法、解决方案或批评时，领导者竟做出开除员工的回应（或者毫无回应）。

回忆一下第三章介绍的研究结果：50%的员工认为即便自己表达了某个想法，也不会得到领导层的重视。更令人担忧的是，56%的员工表示，他们之所以不愿意分享自己的创意，首要原因是担心自己的想法不被认可。还有67%的受访者表示领导层的工作理念是"我们一直都是这样做的"。

员工之所以感觉自己被忽视，是因为得不到领导者的回应，自己的想法不被认可，或者认为领导者不会做出任何改变。这些研究结果的共同之处在于：领导者并非没有要求员工表达自己的意见，而是未对此做出回应或未能较好地回应。你和公司里各个级别的领导者回应和反馈员工想法的方式，要么会激发员工表达的热情，要么会摧毁公司的勇敢文化。我们称这种的做法为"用尊重回应"，这意味着你接受员工的想法并以尊重员工的方式做出回应，激发员工的表达热情，提高员工的战略思维，鼓励员工表达更多的想法。在本章中，你将学到一些实用的用尊重回应的方法，鼓励员工不断地贡献出极具战略性、适宜且实用的想法。

当领导者反应不当

我们既往的经验表明，大多数有关领导力和管理的培训最不重视这项技能，也很少教授这一技能。不幸的是，缺乏与此相关的培训会导致领导者出现以下三种常见的错误。

冷漠

诺兰（Nolan）是一位精力充沛、富有创造力的副总裁。他多次向CEO提出一些能够为公司节省数百万美元的想法，但CEO驳回了他所有的想法，并警告他："做好你分内的工作就够了。" 诺兰能够不费吹灰之力地完成自己分内的工作，因此，他说："我每周都可以吃一顿丰盛的午餐，参加飞行课程。下班回到家后，开始自己创业。"

这是领导者在回应和反馈员工的想法时，最常犯的第一种典型的错误：用冷漠的态度回应。也许他们认为员工表达想法是对自己能力的威胁，对自己权威的挑战，或者他们只是不想被打扰。不管是什么原因，当领导者以沉默或冷漠的方式回应员工的想法时，势必会扼杀公司的勇敢文化。

回避

大卫曾经供职于一家中等规模的非营利教育机构。在这家教育机构里，他亲身经历了第二种领导者常犯的典型错误。这家教育机构的人员流动率非常高。应董事会的要求，CEO在员工中间做了一项调查，提出勇敢问题，意图发现人员流失背后的原因，试图找到潜在的解决方案。调查结果出来后，CEO非常反感员工反映的问题，因为员工准确地指出了她的领导能力欠佳。与此同时，员工也指出了高层领导的问题，因为他们贯彻执行了CEO制定的无效政策。她没有在公司遇到问题时发挥自身的作用，因此她并未回应员工的反馈，把调查的结果锁在抽屉里，从未与她的手下讨论过相关的问题。可以想象，在她回避员工的反馈后，员工会认为自己被忽视和贬低，这也加剧了人员流失的问题。

这是最常见也是最极端的例子。领导者没有用尊重的方式回应员工，而是选择回避。如果领导者再表现出冷漠的态度，便是最糟糕的回避形式。当领导者也意识到寻求员工反馈的益处，但却没有下定决心对他们听到的反馈做出回应时，便会发生这种情况：员工反馈了意见，但领导者因为觉得麻烦或不安，没有做出回应。实际上，压根不征求员工的意见都好过于询问员工的意见而不做出回应。

对于错误的想法应对不力

第三种典型错误更为微妙。几位高管在听说我们能够帮助公司建立勇敢文化时说："我们没有这样的困扰。我们最大的问题是当下的千禧一代非常难缠，他们一直不停地在抱怨公司的种种事情。"

"你会听他们抱怨吗？"

"有些时候听，但听一会儿就发现只能听进去一点。"

这又引发了另一个问题：当你厌倦了他们的抱怨并且让员工感觉自己被忽视时，又会发生什么？当他们不再抱怨时，换一份工作只是时间的问题，或许新的领导者愿意倾听他们的意见。你需要投入大量的时间帮助团队的成员适时地扭转观念。很多领导者会率先帮助员工树立直言不讳的意识，但像梅琳达那样的做法也并不妥当。领导者常犯的第三种典型错误是不能恰当地回应不完整的、错误的或不雅的想法。用尊重的方式对这些想法做出回应，会直接影响到你下次是否能得到自己切实需要的意见和想法。

如何用尊重的方式回应

大卫参加了红十字会组织的献血活动。红十字会后续的做法便是一个很好的例子，恰当地说明如何用尊重的方式回应员工的意见，从而鼓励团队成员贡献更多的解决方案、想法和批判性思维。献血后的第四个星期，他收到了一封电子邮件，邮件内容如下：

感谢您5月23日向美国红十字会献血。您捐赠的血液将被送往马里兰州（Maryland）巴尔的摩市（Baltimore）约翰霍普金斯医院（The Johns Hopkins Hospital）帮助有需要的患者。您捐赠的血液将会挽救别人的生命！

每天，患有各种疾病的病患，包括危及生命的疾病、血液疾病和外伤患者都需要输血治疗。您捐赠的血液对于帮助挽救患者的生命至关重要。烦请您今天计划下一次的献血时间！

邮件的结尾处有一个红色的大按钮，按下这个按钮便可预约下一次的献血时间。这是一个很好的说明如何用尊重回应的例子。你的回应中也需要包含三个要素：感谢、反馈和邀请。红十字会首先感谢了大卫，告知他的捐赠产生了巨大的影响，并邀请他再次献血。当团队成员表达了自己的想法时，领导者也可以采取同样的方法。

表示感谢

如果你希望员工贡献更多的解决方案，首先要向贡献了解决方案的员工表示感谢。我们发现许多领导者都忽略了这一简单而必要的步骤。如果员工花时间思考如何更好地完成工作，领导者需要让员工知道你很感激他们这样做："我非常感谢你花时间思考如何更好地完成工作。谢谢！"领导者不仅要赞美解决方案，同时也要赞美员工发表意见的行为。即便员工提出的解决方案不能起到实际的效果，领导者也要关注并赞美分享新想法和解决方案的员工。你会因此获得更多值得赞赏和鼓励的解决方案和想法。作为领导者，万不可只赞美那些行之有效的想法，还要赞美那些分享不那么完善的想法和解决方案的行为。你会因此得到更多的解决方案，其中一定会有一些解决方案能够发挥实际的作用。

让员工知晓影响

其次，领导者要让员工知晓他所分享的解决方案带来了哪些影响。让他们知道，你了解了他们的想法后采取了哪些措施以及相关的时间节点。即便你的公司并未建立像红十字会这样简便的自动响应系统，也可以花费一点时间建立反应循环，完成向团队成员的反馈。如果由于其他战略优先事项你需要6个月后才能考虑这些想法，请直接告知员工并解释公司目前着眼于哪些优先事项（你的员工可能会贡献一些能够实现这些目标的想法，让你惊喜不已）。

邀请员工再次思考

最后，邀请员工再次思考、解决问题、维护客户利益。红十字会用一个红色的大按钮邀请大卫预约再次献血，你也可以采取多种形式邀请员工再次贡献自己的想法。如果他们的想法仍需完善，领导者要提供他们所需的额外信息并要求其再次构思。如果他们曾经试验过自己的想法但没有奏效，你也要告诉他们你从这些试验中学到了哪些经验，并要求员工思考如何解决这些问题。即便你根本用不上这些想法，也需要真诚地说一句"我很想知道你对团队实现今年的目标有什么想法"，让员工保持思维活跃。

回应想法的四种方式

如果领导者无法从容地回应他们收到的想法，大多是因为不知道如何回应。简而言之，我们先来分析领导者经常听到的四种想法。厘清这四个类别，可以帮助领导者以一种鼓励员工进行批判性思维、微创新，提出解决方案的方式回应员工的想法。员工的想法或建议以及其相对应的回应方式大体可以分为以下四种。当员工的想法：

（1）已经实施——解释公司已经在哪些方面以何种方式实施了这一想法，并告知团队成员可以与谁交谈，以了解更多的相关信息。

（2）不够完整——你可以向团队成员提供哪些额外的信息？员工需要解决哪些问题或克服哪些障碍？是否能够要求员工仔细思考过额外的信息后再次提出他的想法？

（3）准备好接受试验和测试——你是否可以邀请团队的其他成员试用这一想法？

（4）不够与时俱进——是什么因素降低了这一想法在当下的价值？是否能提供额外的信息帮助员工下次提出更具相关性或更实用的想法？

以尊重的态度回应员工的想法并不难，但确实需要领导者更加关注大局和长期的效果。这意味着，你可能取得一些不会立刻改变大局但却能带来长期效益的小胜利。达蒙（Damon）是医疗保健领域的高层领导，他分享了一则我们认为最恰当地用尊重回应员工的方式。达蒙在从事医疗保健工作之前曾在军队服役，在那期间他从一名指挥官那里学到了这一策略。"当有人提出一个想法时，发现其中的可取之处。你可能不会完全采纳这一想法，你认为可取的那部分可能不会带来巨大的变革，也不值得付出巨大努力，甚至可能会带来小小的麻烦。但如果你能够部分认同这一想法，便会化解与员工之间的隔阂。"

思考如何回应员工的想法，会对员工产生巨大的影响。达蒙笑着分享了这个策略。"当我的指挥官第一次给我这个建议时，我甚至还嘲笑这一想法，但我现在几乎每天都在坚持这样做。如果你能帮助员工发现他们想法中的可取之处，让他们了解现状，扭转看法，在大多数情况下，他们会为了你不顾一切，奋力拼搏。"

"发现可取之处"是感谢、反馈和邀请的另一种做法，将这三种回应方式集合成一种最为直接的回应。员工会因此认为自己被看到、被欣赏，并且感觉自己有所作为。没有什么比发现其中的可取之处并将其付诸实践更能证明你是真正想听取员工想法的人。

如何回应员工提出的不适用想法

有时，你会发现根本无法"发现可取之处"或使用员工提出的某一想法。但你依然可以利用这些关键时刻，激发员工的热情，培养由小微创新者、问题解决者和客户代言人组成的团队。你仍然可以先对员工表示感谢。如果你希望员工更深入的思考，首先请先感谢他们贡献了自己的想法，即便这一想法不如你预期的深刻。

接下来，让员工知道后续的行动。如果你试验了他们的想法，将这一反馈传达给焦点小组，或者让员工知晓你对他们提出的想法所采取的后续行动。又或者可以指出这些想法中存在的问题或是否与其他的优先事项相互矛盾，在试验过程中，解决方案是否失效或被证明不切实际。花几秒钟的时间回应并向员工反馈，即便你并未采纳员工的想法，也能够较好地激励表达这些想法的员工。

如果员工提出的某个想法偏离目标或与战略重点相矛盾，则需要向该员工阐明公司目前的战略。你之所以不能使用某个想法，可能是因为员工没有足够的信息提出有效的建议。领导者要为员工提供他们所需的信息，以供员工进行更具战略意义的思考。最后，一旦你阐明了重点，也提供了更多信息，便可邀请员工继续思考并提出自己的想法。

处理问题

提升勇气并不意味着领导团队会因个别员工的抱怨而分心。我们采访的一位英国高管指出："有时候，员工只是想发发牢骚而已。"在任何时候，倘若领导者一听到员工抱怨、发泄或"发牢骚"就采取相应的行动，不仅徒劳无用，而且会感觉筋疲力尽。在抱怨声中吸取有用的想法是领导者需要掌握的一门艺术。正如一位医疗保健公司的经理与我们分享的那样："领导者千万不可忽视员工的抱怨，而是要探索其中的规律以及问题的真正原因。看看是否能够采取相应的措施解决其中的问题。"一位信息技术总监就分享了她的做法："当有员工向我抱怨时，我会耐心地倾听，然后询问他们认为采取哪些行动可以扭转当下的情况，通常，员工就不再抱怨，并对我说：'不需要采取任何行动。感谢您的倾听。'"

当领导者提出勇敢问题时，可能会导致团队成员抱怨他们看到的问题。但这非常正常，毕竟某些勇敢问题明确要求员工揭露影响他们工作效率的因素。领导者听到这些问题后，首先要遏制自己立刻帮助员工解决问题的冲动。与此同时，这也是建立信任的绝佳机会，尤其是当你提问后员工提出问题时。一项研究表明，"当员工说他们的领导总是对问题做出建设性的回应时，他们认为自己的领导是一位好领导的可能性大约提高12倍。"在你提出一个勇敢问题后，继续提问以下两个问题，借此与员工建立信任并邀请他们进行更深入的思考："我怎样才能贡献自己的最大力量？"或"我能否想出解决这个问题的最佳方法？"

当你想知道员工们有什么想法时该怎么办

我们已经了解了如何以尊重的方式回应员工的想法，如何发现可取之处，以及如何回应员工提出的不适用的想法。但是当你接收到一些完全不切实际的想法时，该怎么做？这些恰恰也是提高清晰度、提升员工技能并激发新想法的机会。

在大卫只有12岁时，就经历了别人问他"你在想什么？"的时刻。当时他正在和朋友们一起露营，他们精心设计了菜单，采购了露营用的杂物，但大家做起早餐来依旧笨手笨脚。带领他们来露营的是一位名叫巴德（Bud）的成年男子，他恰巧经过。看到煎锅后就停了下来，巴德皱了皱眉，问他们："你们在做什么？"

他们举起一锅蓝绿色的烧焦的食物回答说："蓝莓煎饼？"

大卫永远不会忘记巴德接下来做了什么。他和大卫他们一起蹲在火边。"我们看看煎锅里究竟是什么。"

男孩们解释说这是他们做的"煎饼"。当时是秋天，并不是蓝莓的季节。所以他们买了他们能找到的最好的替代品：蓝莓饼馅，用蓝莓饼馅代替新鲜的蓝莓。但现实并没有如他们所愿。相较于用普通的蓝莓做原料，用馅饼的馅料和面会导致面糊中的水和糖过多。但孩子们并不知道这一点，简单地搅拌后就倒进了煎锅里，一边用餐刀拨弄，一边看着"煎饼"被烧焦了。

巴德看到了事情的经过，也解释了出现这一问题的原因，接着问孩子们："如果面糊里的水多了，该怎么办？"

他指导这些孩子多加了一些干面粉，直到面糊的黏稠度适中。然后又帮助他们一起制作了改良后的"煎饼"，虽然煎饼的外观不够美观，颜色也略显怪异，介于森林绿色和钢灰色之间，但却十分美味，不需要再另放糖浆。在巴德的帮助下，他们发明了一种新的早餐美食：薄饼。在接下来的几年中，这种薄饼成为大卫和他的朋友们露营时的必备美食。当你看到一些不合常理的事情时，自然会感到沮丧、担心甚至是生气。你的团队对此更为清楚，不是吗？但愤怒的时刻往往也蕴含着机会。你听到或看到的可能是：

- 一个很酷的微创新。

- 一个需要改进的好主意。

- 缺乏理解。

- 忽视了关键的规则或流程。

- 他们根本没有思考。

- 一个非常糟糕的主意。

但无论如何，这些都是改进的机会。员工可以因此学到某些经验。你可以因此改进工作的流程，激发新的想法。但如果你为此感到沮丧，就很容易错失学习的机会。如果巴德对他们烤焦的食物摇摇头，告诉他们像其他孩子一样煮几个鸡蛋就好了，这些孩子永远不会发明薄饼。作为领导者，如果你想利用这些时刻，抓住这些机会，就需要像巴德一样培养员工的好奇心。对团队说："好吧，让我们看看我们究竟该怎么做。"

员工之所以会让领导者有"他们在想什么？"的疑惑，最常见的原因是缺乏清晰度。他们不知道领导者强制规定了哪些程序，也不知道哪些方面可以自主决定。领导者可以利用好奇心发现其中的问题，并重回清晰度的阶段，加强培训和沟通。

如果你已经阐明了公司的战略重点并检查了员工的理解程度，但依然有员工提出了某个看似偏离目标的想法，也不要因此而生气。相反，可以借此机会对员工进行指导。询问他们，这个想法如何帮助公司实现目标。花点时间展现自己的好奇心，既可以激发伟大的想法，又可以帮助团队成员明确什么样的想法才能被称为伟大的想法。例如，"感谢你能与我们一起考虑这个问题。你能详细地解释一下你的这个想法将如何帮助公司确保100%按时交货吗？"

就这个问题，你可能会得到许多不同的答案。有些人会说："哦，我还没有完全考虑清楚。"在这种情况下，你可以回答："在你考虑清楚后，能再次告诉我你的想法吗？"

通常，当你好奇"他们在想什么？"的时候，也正是你了解新方法的机会。花点时间思考他们为什么这样做，可能会因此发现提升客户服务或员工敬业度的方法。领导者要帮助员工完善他们的想法，鼓励员工思考如何将自己的想法与其他团队成员分享。有时候，你会发现他们根本没有任何的思考。因此，你便可以判断，这究竟是一个帮助团队成员成长的机会，还是表明这位员工不适合当前的职位。

有时，当你好奇"他们在想什么？"时，真正困扰你的不是员工提出的某个想法，而是他们表达想法的方式。在卡琳职业生涯的早期就发生过这样的事情，她以为自己做了一个善意的举动，但实际却弄巧成拙。当时，她刚刚上任人力资源经理一职不久，公司的人力资源副总裁要求卡琳代表他出席一场会议，这次会议主要是解决一些严重的考勤问题。会上，她听到了很多无法从根本上解决考勤问题的建议，她对此感到非常沮丧。于是，她公然向会议室里的所有副总裁表示："在这个问题上，你们完全错了。"要知道，这些副总裁至少都比她多了十年的从业经历。

在这种情况下，如果是已经建立了牢固的勇敢文化的公司，这些副总裁可能会请卡琳解释其中的原因。但在大多数公司里，这样的做法会阻碍职业生涯的发展。幸运的是，会后，有位高级副总裁把她拉到一边，解释了公司文化中的办公室政治：

> 卡琳，你的想法很棒，但你的做法实在不讨巧。作为经

理，你不应该在副总裁与同事开会时，在他们的上司面前说他们做错了！而是应该自己悄悄地做笔记，然后与他们中的一些人单独交谈，从而让大家理解和支持你的想法。你今天的做法令我很生气，所以我甚至根本没有思考你到底说了什么。但是，你所说的也是我一直考虑的问题，你所说的也是对的。我希望你解决这个项目中存在的人力资源问题。如果你能帮我解决这个问题，我会帮助你学习如何驾驭办公室政治，避免你破坏自己本可能大有前途的职业生涯。这听起来是不是一笔不错的交易？

卡琳接受了她的提议，高级副总裁也成了一位了不起的导师。卡琳的事业蒸蒸日上，公司的考勤问题也有所改善。当你经历了"他们在想什么？"的时刻，要借机用尊重的方式回应，并帮助团队成员成长。

帮助你的团队了解"想法路径"的过程

乔通过一项微创新改善了公司的业务。虽然这个想法并不完美，但通过一两次的调整，解决了让每个人都抓狂的问题。乔做了什么？如果乔像我们研究中的大多数人一样，我们不会在此讲述他的故事，因为没有人会再采取任何后续的措施。但是好的想法会孕育出更多的好想法。当员工能够清楚地看到从分享想法到实施想法的路径时，便更有可能毫无保留地表达自己的观点。

在你的团队中，团队成员是否能够轻松地表达他们认为最好的想法？是否愿意花点时间构思自己的"想法路径"。想一想：乔是如何判断这是否是一个有潜力的想法的？你是否也定义了一个好主意的标准，以及它能够为客户或团队带来什么益处？如果没有，下一次召集团队成员开会时，则需要考虑这两个问题。

一旦乔确定了这是一个值得推广的想法，接下来他会做什么？他会：

- 与某人交谈。

- 填写一张卡片。

- 将其录入数据库。

- 安排会议。

- 思考是否还有其他问题。

- 思考下一步该怎么办。

思考一下，乔可能做出了什么样的微创新，即一个能够以一种简单的方式逐步提高效率或客户体验的想法。这种微创新将经历什么样的想法路径？请你在纸上写下乔有可能会采取的每一步措施，以及其他人为实现这一想法所必须采取的行动。需要谁的授权？不同的想法需要什么级别的领导批准？每个步骤需要多长时间？

每个公司都有各自不同的想法路径。虽然我们无法明确地指出在你的公司中，微创新应该遵循何种想法路径，但可以帮助你确定其中的关键要素。当你审视自己公司的想法路径时，请找出这些常见的行动障碍。你的员工：

- 是否知道成功的想法需要满足什么标准？
- 是否知道如何处理可能有效但不完美的想法？
- 是否对所需的时间要求有切实的了解？
- 是否了解为什么需要得到这些领导的批准？

不断进步的团队绝不只会依赖偶然的创意。他们会有意识地制订计划来挖掘、试验、完善、分享好的想法，鼓励员工解决问题。

首次尝试练习

找到五点意见

 目标

- 确定值得认可和赞赏的最佳实践、新想法或微创新。
- 强化并赞扬勇敢文化行为，使员工清楚地认识到为何勇敢文化如此重要。

🤝 所需时间

无须太多额外的时间，在外出的途中做这件事即可。

🤝 过程

用尊重回应的首次尝试练习要求领导者练习如何发现和赞扬员工表达的意见。具体来说，你可以与团队一起发现并赞扬员工表达的五点意见，其中包括成功的案例、最佳实践以及微创新。如果碰巧此时某位员工表达了某个想法，那就更好了，你可以借此机会练习用尊重回应。如果想要练习如何赞扬员工的想法，至少要确保员工提出的是一项尚未成功或尚未被执行的想法。你需要强化思考和解决问题的行为，而不仅仅是将员工的想法付诸行动。

第十章

践行原则

———

千万不要打断别人做你认为不可能完成的事情。

——阿梅莉亚·埃尔哈特（Amelia Earhart）

天气预报显示周五才开始下雪，所以人们想要赶在暴风雪来临之前去采购，但显然大多数人都觉得周四早上是去乔氏超市采购的好机会。虽然所有的收银台都在工作，但排队等待结账的人还是一直排到了超市的后面，面对前来采购的人潮，超市显然已经做好了准备，为了满足大家对于牛奶、面包和是拉差海鲜锅贴（Sriracha Seafood Potstickers）的需求，也召集了增援的店员。

"船长"①知道顾客会因漫长的排队而感到不满，于是在麦克风里用尽可能开心的语气说，"嘿，各位，天哪，你们听说要下雪了吗？"几分钟后，她又拿起麦克风接着说："每列的第七位顾客请举手。"所有人都一起数数，看看究竟谁是第七位顾客。这的确是一个分散客人注意力的好方法。

"今天是你的幸运日！每列的第七位顾客都可以得到一个免费的糖果棒。"我们排在第六位。她走近排在我们身后的两个人，两位老人都骨瘦如柴，看上去七十多岁的年纪，并排站在了七号位。"船长"问他们："你们能共享这个糖果棒吗？"但看到两个人渴望的眼神，"船长"笑了笑。"好

---

① 乔氏超市的店长都称自己为船长，店员称自己为船员。

吧，每人一个。"她试图缓解紧张的情绪。很明显，她能够影响客户的体验。

终于在等了45分钟后，下一个就轮到我们结账了。排在我们前面的那位女士想用手机付款，但不幸的是我们这一列（我们早就注意到我们排在第八列，以防有其他的随机活动）的收银机坏了。店员们需要打电话到总部请求技术支持。这时候，你会觉得如果能一边吃免费的糖果棒一边等待结账也是不错的。10分钟后，技术人员依然无法成功地排查出故障，等待结账的顾客都开始变得焦躁不安。这时候，那位"船长"再次拿起麦克风，用开心的语气说："抱歉，有一条收银通道出现了故障，所以我们接下来要为在这一条通道排队结账的客户发点福利。如果你在八号收银通道排队，请举手。"

排在八号通道的我们全神贯注地听着"船长"说的话，纷纷急切地举起了手。排在其他通道的顾客翻了翻白眼。

"我们要做的第一件事就是：如果你在八号通道，史蒂夫会走到你身旁，询问你最喜欢乔氏超市里的哪件商品。你可以免费得到那件商品。"

太棒了！此时，在八号通道排队的所有顾客都在思考他们更喜欢哪件商品，酸黄瓜、爆米花，还是未腌制的培根酱。她接着说：

"但是我发现有其他的顾客趁机溜进了八号通道。八号通道排队结账的客人和你们一样等了将近一个小时。所以，没必要这样做，如果其他通道排队的客人愿意让八号通道的客人排在你前面，也请你举手，你也将免费得到一份自己最喜欢的商品。"

每条通道都有顾客举手，在场等候的顾客开始闲聊，有序地排队结账，当他们回到家后，有了一则可以分享的好故事。我们旁边的女士好心地让我们排在她前面，于是我们分别获得了康普茶和冰激凌，感觉像是中了彩票一样。最后，七号通道的收银员满脸笑容地为我们结算了货款。

"真的太棒了！"收银员问道，"你能想象任何其他超市会用这样的方式应对突然出现的技术故障吗？"答案不言自明。她自豪地咧嘴一笑，说："这也是我在这里工作的原因。"

这样的做法表面上看是超市免费赠送了许多商品，虽然听起来很疯狂，但的确非常有效。乔氏超市不仅仅赢得了顾客，而且收获了大批狂热的粉丝，排在零售偏好指数（RPI）榜首，每平方英尺（约0.09平方米）的收入高于任何其他连锁超市。他们是如何做到的？

如果你收听乔氏超市的播客，阅读马克·加德纳（Mark

Gardiner）的账号"如何打造一个乔氏超市这样的品牌"
（Build a Brand Like Trader Joe's），浏览许多以乔氏超市为话
题的线上论坛，或者阅读客户或员工撰写的有关乔氏超市企业
文化的任何内容，你很快就会发现乔氏超市培养诚信、持续自
我提升和提供"令客户惊叹的服务"的价值观，旨在使客户
的每一次购物体验都变得充实有趣。乔氏超市在我们所谓的践
行原则方面表现得极为出色。

如何推广有效的做法

当你在践行原则时，要专注于发现最佳实践中蕴含的
核心理念，并帮助团队根据具体的情况个性化地利用最佳实
践。乔氏超市的那位"船长"就是践行原则的一个很好的例
子。核心理念指的是公司的价值观，乔氏超市的价值观是提供
令客户惊叹的服务。但是，领导者无法培训和教会员工在各
种不同的情况下如何提供令客户惊叹的服务。于是，提供令
客户惊叹的服务便成了公司的原则，船长、船员和其他员工
自行决定具体如何实践。公司鼓励他们用个性化的方式实践
"惊喜"和"有趣"的原则，更好地服务于各个商店和社区的
顾客。

临时的活动和分发赠品是一种本地化的最佳实践，这在

即将遭遇暴风雪天气的特定情况下尤为适用。如果是在某个夏天的早上，店里顾客较少，只开辟了两条收银通道，每条收银通道都只有一两位顾客排队，即便是举行同样的活动，分发相同的赠品，顾客可能也只会好奇地微微一笑，耸耸肩而已。因此，情境很重要。当你在建立勇敢文化时，关键是培训团队的价值观和原则，这些价值观和原则将指导他们未来的创新，以及如何找到适用于自己的最佳实践。

为了更好地践行原则，高管应明确指出公司的核心价值观和原则，支持公司的领导团队审查和尝试符合这些原则的新想法，并战略性地改进这些想法。经理与各自的团队学习新的方法，确定最佳实践中的原则。而员工则要尝试新想法，并在此基础上发展这一方法或探索更切合自身实际的方法。

如何推广微创新和最佳实践

当你有了某个想法后，你会遇到的一个问题，即一个能够帮助团队彻底扭转局面的解决方案在另一个部门可能根本行不通。我们在一家工程设计公司观察到了一个很好的例子。哈维尔（Javier）是一位深受员工喜爱的主管，并且厨艺精湛。每年他都会举办一次卓越运营大会，会上他会亲自制作意大利面招待大家。制作意大利面的原料中，面条和香肠都是他手工制作的，酱汁也是他用自家花园里种的蔬菜烹制的。对哈维尔来说，这是他每年都乐意为员工做的事情，因此他的团队在每年的大会上也活力满满。

同公司的另一位主管向我们透露，她很怀疑自己的团队是否能取得哈维尔团队那样的表现："我连水都不烧，更别说像哈维尔那样做饭了。相比之下，我们团队的会议就略显乏味。我想表达的是，如果我是员工，我也更愿意加入哈维尔的团队。"她掉进了一个常见的创新陷阱，正是这样的陷阱使许多公司无法推广自己最好的微创新。她过分关注应用某项具体的实践，而非公司的原则。

原则指的是普遍适用的概念。例如，尊重客户是客户服务的一项原则。但是，尊重客户的具体做法在不同文化、不同城市和不同行业中都不尽相同。为团队做一顿自制的饭菜只是其中一种具体的做法。大多数人可能并不适用这样的做法。但是个人的付出以及与团队建立联系的原则是可以推广的，每位接受过培训的领导者都可以做到这一点。领导者不需要推广具体的做法，只需要推广原则。

与员工共同践行原则

勇敢文化的原则不仅在公司内部适用，也同样适用于为客户服务。雀巢公司的索尼娅·斯蒂德（Sonia Studer）讲述了他们如何通过确保针对不同的市场，制订适合该市场的多元与包容的行动计划，努力践行雀巢公司的多元化和包容性的原则。他们通过在世界各地举行的"共同领导"的会议加强和鼓励这些本地化的行动计划，高层领导在会上分享故事和具体事例，团队成员齐聚一堂，感谢领导们一年来的包容，并提出能够导向具体行动的建议。

这样的领导方式融合了培养好奇心、用尊重回应以及实践原则这三种要素，能够满足员工的基本需求，为其创造深刻的表达和被倾听的体验。正如索尼娅解释的那样，"让所有员工都参与其中，为建立一种更加多元和包容的公司文化做出自己的贡献，才能在公司全面构建起勇敢文化"。

如何找到最佳实践中蕴含的原则

当公司中业绩最好的团队找到了提升工作效率、改善客户关系或提高销售业绩的秘诀时，或许你会很希望立即让公司里的所有员工都采取同样的做法。曾与我们合作过的许多高管都迅速地要求员工照搬新的做法，但却因执行力度不一和结果乏善可陈而感到沮丧。领导者可能会陷入在不同的好的做法中来回切换的被动模式，但没有一个真正奏效。

即便某个想法在构思阶段给人感觉不错，领导团队也参与其中，在信息指挥中心也运作良好，但也要首先实地测试这样的做法会带来哪些改变。当然，这需要花费大量的时间，经历一种由慢到快的过程。相较于其他人，你可能起步略晚，但是当你能够弄清楚其中的原委，并且所有员工都能熟练地掌握最佳的做法时，便能起到持续性的效果，并为下一次的改革做好准备。以下步骤将帮助你和公司的领导者弄清楚为何这一最佳实践能够收获不错的效果，以及如何使其在其他环境中依然能够发挥作用。

1.反思为何这一最佳实践有效

反思"为什么这样做有效？"可以帮助你找到蕴含于最佳实践中的原则。有时候，你需要多次反思"为什么"才能真正了解事情的本质以及成功的根本原因。例如，你发现客户对于销售代表约翰的评分一直很高。但公司领导者在了解其中的原因时发现，约翰并没有使用公司的优秀团队设计好的能够真正与客户感同身受的开场白。当然，我们并不是说这家公司要重新按照约翰的方式改编开场白。反之，公司要探索与客户建立真正联系的内涵，并帮助所有销售代表用自己的方式与客户建立真正的联系。

反思"为什么"也需要勇气。你可能会发现，你的突破其实是由运气和时机所致，并不是适用于所有人的可重复的原则。不过，这也无可厚非。如果你一开始就意识到这一点，便可以使团队中的其他人避免因为做一些感觉不对且行不通的事情而感到沮丧。

此外，只有你帮助团队成员批判性地思考他们自己的想法，他们才更有可能找到更为可行的解决方案。40%的受访者表示他们缺乏表达自己想法的信心。45%的受访者表示，他所在的公司未曾提供与批判性思维和问题解决相关的培训。当你要求团队思考某个想法为何有效时，只有扫清上述这两大障碍，才能建立由小微型创新者和客户利益代言人组成的团队。

2.测试原则

一旦你找到了最佳实践中蕴含的原则，便可对其进行测试，看它是否如你和团队认为的那样有效。理想情况下，你可以在不同的环境中、选择不同的对象进行测试。例如，我们有一位从事制造行业的客户，为了改进自己的产品，授权他的团队使用3D打印机来设计和测试新的零件，从中发现了可以推广的强大的微创新。

3. 仔细聆听

这可能是测试原则过程中最重要的一环。当你测试并推广该原则时，请认真倾听员工所说的内容。与利益相关者、合作伙伴和客户联系。尝试用解决方案，而不是销售，来解决他们反馈的问题。当你在解决某件事情时，需要用五种不同的方式就解决意见与团队沟通五次（下一章中，我们将详细论述更多关于5×5沟通的信息）。

4. 反思如何完善原则

当你继续测试和推广该原则时，请提出一些有助于完善该原则的问题：

● 我们应该如何应对出现的挑战并使变革达到预期的目的？

●哪些方面进展顺利，我们可以如何利用它？

●哪些方面需要改进？

●我们下一步的目标是什么？

所有这些问题都有助于完善自己正在践行的原则，还能借此将员工纳入改革的进程中，提振员工的士气。

将原则本地化

领导者若想成功完善最佳实践，关键在于帮助团队用合理的方式制定原则，并在各自具体的环境中取得结果。这种将原则本地化的过程处于勇敢文化的清晰度和好奇心循环的中心位置。清晰度阐明了"原则是什么",而好奇心则提出"此时此刻,我们如何才能以最有意义的方式实现这个原则"的问题。回想一下卡琳的销售团队的例子。一旦他们明确了向当地小企业销售的原则,他们就开始好奇如何以一种可行的方式在不同的地区实现这一目标。穿西装、改建小木屋的阁楼和当地销售主动打电话推销等,都是践行向小型企业销售这一原则的最佳本地化实践。但是同样的做法并非在各个地区都能行得通。还是那句话,情境很重要。

再举一个如何将原则本地化的例子。三个客服中心的销售代表都被要求在与客户互动的过程中增强同理心,以此来提升客户的体验。虽然原则是要求销售代表"增强同理心",但每个中心都采取了不同的做法。

第一家客服中心

第一家客服中心的主要客户群体是预付费手机客户。客服代表对这些客户的评价通常很差。基于少数的糟糕经历,他们对购买预付费手机的人有一定的偏见。因此,客服代表在服务客户的过程中缺乏相应的同理心,客户服务水平自然欠佳。为了解决这个问题,领导者把大家召集在一起,给他们看了一位非常和蔼可亲的老妇人的照片,老人名叫贝蒂(Betty)。

接着,领导者介绍了贝蒂的情况:"她是一名退休的护士，担任女童子军领队长达40年之久。她与她的今生挚爱结婚共同生活了51年。她的丈夫是一位老兵，但最近刚刚去世。贝蒂是一位预付费手机客户，也是我的祖母。所以，下次当你接听预付费客户的电话时，可以把在电话另一端的客户想象成是贝蒂。"

"贝蒂怎么样？"成为提升同理心原则的最佳实践。教练和团队领导说一句"贝蒂怎么样？"便可立即激发客服代表的同理心。

第二家客服中心

第二家客服中心听说了第一家中心开展的"贝蒂怎么样？"活动。他们也很赞同这种做法，但问题在于：他们的领导者中没有一位名叫贝蒂的祖母。

第一家客服中心的做法践行了以人为中心的原则，提醒客服代表要具备同理心。第二家客服中心的领导团队研究了这一原则并设计了适合自己的活动。接下来的一周，第二家客服中心的各个角落放满各种各样的婴儿鞋、围兜、奶瓶和奶嘴布。并挂上了："卡尔（Carl）宝宝怎么了？"的标语。大家都很好奇地问"卡尔是谁？他怎么了？"

周末的时候，领导团队把大家召集在一起，揭开了婴儿物品背后的含义。"我们从大家这周的对话中可以发现，大家都非常关心这个婴儿。而事实上，卡尔是一个首字母缩略词，卡尔真正的含义是关心现实生活（Care About Real Lives）。当你不知道如何彰显自己的同理心时，就想想卡尔。"

随后，每位客服代表都得到了一个包裹在毯子里的婴儿大小的娃娃。起初，大家用玩偶来提醒自己做出一些能够与客户感同身受的热心行为。随后，有些倦怠的或很难做到同理心的客服代表想要借用这些娃娃放在自己的办公桌上，提醒自己关心现实的生活并唤起自己的同理心。这种本地化的做法在第二家客服中心起到了不错的效果，不仅唤醒了客服代表的同理心，也极大地提升了第二家客服中心的质量评分。即便如此，这种做法在许多其他的环境中可能并不适用。

第三家客服中心

第三家客服中心则采取了完全不同的做法。为了增强客服代表的同理心，他们专注于如何让领导者做出表率，对客服代表展示出他们希望客服代表对客户表现出的鼓励和同理心。他们的最佳做法是在客服代表换班时，所有的主管排队鼓掌和欢呼，欢迎他们到中心上班。团队负责人还会专门询问客服代表"你还好吗？"并倾听他们的回答，表明他们倾听了员工表达的情绪。换句话说，领导者是在表现自己的同理心。

所有三家客服中心都通过在接线时表现出更多的同理心

来改善客户体验。但每家客服中心都以符合各自文化和实际环境的本地化方式践行了这一原则。

用本地化的方式践行原则是建立归属感、自豪感，获得忠实客户和员工的有效方法。竞争对手也很难效仿这样的做法，因为他们不能只是复制最佳实践，还需要领导者细心的工作使原则与公司的战略目标相匹配，被授权的团队成员还需要根据本地的特征，发挥创造力以正确和有效的方式实践这一原则。

为了推进本地化，领导者要积极发现和讲述员工如何通过不同的方式利用相同的想法的故事。不同的团队如何在日常工作中实现自己的想法？领导者若能发现并赞赏这些不同的做法并强调所要遵循的基本原则，便可激励每位员工创造性地思考自己应该如何践行既定的基本原则。

完善可能行得通的想法

在美国，你近期吃到的苹果很有可能是蜜脆苹果（Honey-crisp），大卫非常喜欢吃这种苹果。蜜脆苹果因为松脆和口感酸甜而闻名，零售价也比普通苹果价格高两到三倍。20世纪六七十年代，种植苹果树的果农开始尝试种植最早一批的蜜脆苹果树，但1977年就放弃了，因为这种苹果树大多到了冬天就被冻死了。两年后，一个名叫大卫·贝德福德（David Bedford）的人发现，最早那批苹果树的一些克隆体却出人意料地熬过了冬天。这给他留下了深刻的印象，认为日后一定有机会能成功种植这种果树。

然而，蜜脆苹果不只要克服耐寒性的问题。鸟类也和人一样爱吃这种苹果，因此种植这种果树还需要额外架设一张隔绝鸟类的大网。此外，种植这种果树对土壤中的钙含量要求更高，而且采摘后不能直接冷藏，需要一周的调整期。在利润低且竞争激烈的零售市场中，这些似乎是无法克服的问题。种植蜜脆苹果的成本更高，除非客户愿意支付更高的价格，但在竞争激烈的苹果市场上，这又是一个看似无法逾越的障碍。然而，当今的顾客愿意支付比普通苹果高两三倍的金额买蜜脆苹果。这一切都要归功于贝德福德和他的团队问的"如果"——如果这行得通怎么办？

蜜脆苹果是一项微创新，但本质上还是苹果。但有时，一点小小的改进可以彻底改变整个市场。你的团队是否有类似蜜脆苹果这样的想法，等着碰巧有人问："如果这行得通怎么办？"当你看到一个有价值且"可能会行得通"的想法，但与此同时也会面临诸多的挑战。"我们如何才能做到？"这个问题在此处尤其有用："我们怎样才能成功地种植蜜脆苹果？我们当然可以收取更高的价格，但客户是否愿意支付更高的价钱？虽然答案我们并不确定，但我们可以通过测试找到答案。"想象一下，如果卡琳的团队在经历了一次成功的"小企业疯狂日"之后，耸了耸肩说："虽然这样的做法不错，但需要克服太多的困难。我们不是对公的销售人员。"就不再做出任何改变，那么他们不会获得任何回报，更不可能实现大规模的客户增长。若想完善一个可能行得通的想法，就要问问自己："我们如何才能做到？"并验证自己的答案。你永远不知道你将会发现什么。

首次尝试练习

确定原则

🤝 目标

- 确定能够推广的最佳实践，并确定推广这一实践的方法。
- 练习发现蕴含在最佳实践中的原则。

🤝 所需时间

大约一小时。

🤝 过程

回顾自己在第九章的练习中发现的一些最佳实践。在团队检验哪些是可行的实践的过程中，帮助他们发现并提炼出蕴含在最佳实践中的原则。你可以提问以下几个问题：

- 在什么情况下这是理想的最佳实践？

- 这些情况是否因团队的不同而有所差异？

- 为什么这种做法能取得如此好的效果？

- 所有团队必须遵守和贯彻哪些既定的原则（例如，你在清晰度阶段所了解的品牌标准、法规和法律要求以及战略目标）？

- 不同的情境有什么不同（团队与团队，地点与地点，或者其他因素）？

- 哪些核心行为或活动能够适用于不同的团队和地区？这些行为或活动在不同的环境中会有哪些不同的表现？

第十一章

激发员工的才能

他想："撤退吗？绝对不行！往旁边走？不可能！勇往直前？这是唯一该做的事情！继续前进！"想到这里，他站起身来，拿起短剑，一只手扶着墙，快步往前走去，心里扑通扑通地跳得好快。

——约翰·罗纳德·瑞尔·托尔金（J. R. R. Tolkien），《霍比特人》（*The Hobbit*）

里克（Rick）是一家大型家政服务公司的服务部经理，他已经基本掌握了勇敢文化循环的清晰度阶段的内容。他与团队开会时强调公司的战略重点是让客户对每次安装服务都感到满意。他也解释了为什么这一点如此重要，因为公司是商品化行业中的优质服务供应商，所以服务是唯一的区分标准。里克很清楚，他希望员工能就如何将公司的服务提升至更高的水平贡献自己的想法和最佳实践。

他花时间与技术人员待在一起，培养他们对如何提供优质服务的好奇心。当他们提出想法时，里克会以尊重的方式回应，继而通过头脑风暴和对技术人员每次拜访客户时的具体行为按优先顺序排列来践行公司的原则（例如，在进客户家之前脱鞋；称呼客户的名字；清理安装现场等）。技术人员制定并掌握了服务的标准。制定的标准不仅获得了团队的认可，也容易理解和执行。

两周后，里克带着他的技术人员巡视了各个地方。你猜怎么着？没有任何一位技术人员始终如一地贯彻执行他们几周前才同意要做的事情。里克非常沮丧，打电话给我们："我们花了很长时间才制定出这些标准，每个人也都参与其中。这究竟是为什么呢？"

里克遇到的困境很常见。所有曾经许过新年愿望的人都明白这一点，除非我们采取措施强迫自己做出改变，否则大多数人许完愿望之后就会恢复往日的行事作风。在勇敢文化循环中，只在好奇心阶段激发员工的好奇心是不够的，还要激发员工的才能。

如何激发员工的才能

当领导者努力想要维持新的文化规范时，通常会遇到三个方面的问题。如果其中的一个或多个方面出现问题，员工就很难养成新的行为习惯，也会削弱他们分享新想法的意愿。员工会认为，如果不会发生任何变化，我何必要浪费时间思考和表达呢？但是，当你和公司的领导者掌握了这三个要素时，就可以快速适应不断变化的环境、适应新的原则，并在竞争对手开始寻找解决方案之前响应客户的需求。激发员工天赋的三个要素是了解、传播和展示。

了解意味着清楚地阐明成功的标准以及做出哪些基本的行为才能取得成功。传播指的是你有能力将愿景转化为行动，并确保所有员工知道自己在做什么、为什么要这样做以及他们的工作如何帮助公司实现总体的目标。展示是指领导者和团队成员要展示出自己知道该做什么，如何才能做得好，并在勇敢文化被腐蚀之前解决不可预见的挑战。在本章中，我们将详细地逐个分析这三个要素，并阐明如何通过这三个要素巩固公司的勇敢文化。

了解

"我们在回应客户需求方面做得很好，但在合规性方面，却做得不够好。"高级副总裁莫妮卡为此向我们求助，如何让她的团队遵守行业法规。"如果我们连这些最基本的法规都没有遵守，客户体验再好也没有任何意义。我们必须以最快的速度100%地遵守行业的法规。"当我们与莫妮卡的团队一起工作时，我们发现她的公司建立了一种很好的文化，公司的员工都在捍卫客户的利益，不断地寻找更好的方式为客户服务。他们建立了系统化的机制培养员工的好奇心和征求他们的想法，并且领导层一直赞扬能够创造性地解决客户问题的团队成员。

但是，在他们日复一日地专注于创造性地为客户服务、回应客户面临的各种问题的过程中，领导团队忽略了一些最基本的原则。他们对环境、最重要的任务以及实现目标的顺序缺乏清晰的认识。结果，员工们虽然工作都十分努力，但并未专注于完成公司最重要的任务。即使你已经在公司中建立了勇敢文化，也必须遵守相关的规则。

你是否遇到过这样的事情：你让所有的员工都专注于为

客户做正确的事，但有部分员工出于好心尝试做自己认为正确的事，却忽略了大局。在勇敢文化循环的清晰度阶段，第一次循环是明确自己的战略目标和价值观，把提问的问题和问这个问题的原因联系起来，检查员工的理解程度，确保所有人都能达成共识。在首次尝试练习中，你展望了公司未来将建立的勇敢文化，也明确了到时你会看到哪些行为。当循环再次转向清晰度阶段时，便可重新展望自己的愿景，将自己和团队发现的想法、解决方案和最佳实践融入其中。

莫妮卡的团队在培养好奇心方面表现非常突出。但在勇敢文化循环的清晰度阶段，却长久地忽视了合规性的问题。此外，许多团队成员可以从概念上解释合规的重要性，但很少有人能说清楚如何在日常工作中遵守相关的行业法规。在我们与他们的高层领导团队合作，意图帮助他的团队明确最重要的任务以及每位团队成员如何将这些优先事项融入自己的日常工作时，一位高管说得很好："难怪之前大家都感到困惑。我们自己都不知道这对我们而言到底意味着什么，又如何让团队的成员做到这一点？"

领导者常常会因为无法保持清晰度并确保所有员工都能达成共识而感到挫败。你甚至可能会想"我有必要解释这些吗？难道他们理解不了吗？"他们当然听到了你所说的内容，可你的步伐太快了，想法也很宏大，虽然也阐明了对你而言意义重大的优先事项，但你需要员工跟上你的步伐、和你同频共振，并快速采取行动。可问题是，即便是那些才华横溢、积极进取的员工，也会对同样的想法产生不同的理解。除非你的领导团队知道如何将战略目标转化为日常行为，否则结果难以保证。

明确的方向为信任、决策和创新奠定了基础。莫妮卡和她的团队需要确保每位经理和员工都了解合规对客户服务的重要性，以及清楚地知道如何合规地完成自己的日常工作。在大家对此都有清晰的认识的同时，又不能失去他们辛辛苦苦建立的以客户为中心的文化的积极因素。卡琳和她的团队不想顾此失彼，不想在合规方面取得了进步，却在客户体验方面倒退。因此，他们通过好奇心的文化提升清晰度。

阐明最重要任务最有效的办法是单独对话，所谓的"情况通报会"可以实现这一点。高管团队开会，明确规定了合规战略要取得的成果。随后，每位副总裁与各自的直接下属团队举行为期一天的、以清晰度为重点的战略规划会议。会上，他们明确了合规对自己的团队来说意味着什么，为确保100%的合规需要完成哪些首要任务（教育、培训、跨部门协作），并制订了严密的行动计划确保团队快速实现合规的目标。

"情况通报会"的魔力在于员工不用通过单向的训诫了

解最重要的任务。在勇敢文化中，"了解"并非要求你要洞悉一切，你只需要确保自己知道最重要的事情是什么。莫妮卡的团队需要讨论各个团队具体需要做什么，最有可能面临哪些障碍和冲突，以及如何解决。但首先，他们需要完全遵守行业的所有规则和法规。

莫妮卡希望她的团队了解，在保持非凡客户体验的同时，合规也至关重要。在你培养好奇心并确定新的原则和最佳实践时，公司的领导者能否清楚地阐明成功的标准是什么以及怎么做才能成功？

传播

说回到里克的例子，他的技术团队共同确定了哪些做法能够提供优质的服务。里克面临的挑战是他采取了"一步到位"的沟通方式。在你掌握了清晰度和好奇心的循环并释放相应的信息之前，你的团队很可能会回到旧的行事作风。虽然这很令人挫败，但也是人之常情，所以这也是让高管感到挫败的最常见的原因之一。你如何克服所有的阻力，确保所有员工都知道最重要的任务及其原因，并始终专注于重要的领域，从而培养员工对于进步的好奇心？

传播意味着所有员工都与战略目标保持一致，了解最重要的任务，并且知道如何取得成功。为了达到这种清晰度，高管们需要阐明能够取得成功的战略重点和行为。经理示范能够取得成功的行为，根据公司的目标制订自己部门和团队的目标，并帮助团队取得成功。当员工成功时，经理要确保员工理解为什么要这么做。当你把清晰度传播到公司的各个层级时，微创新、问题解决和维护客户利益就会变得更容易，更不用说承担责任和取得突破性的成果。但正如里克意识到的那样，沟通不是一件单向的事情。里克的团队也很清楚最重要的任务是什么，但当付诸日常的工作中时，依旧采取过去的习惯和惯例。

5×5沟通

5×5沟通是克服惯性、削弱例行公事的吸引力的有效方式。5×5沟通指的是重要的任务信息以五种不同的方式向团队的成员传达五次。人类根据自己经常看到或听到的信息建立记忆、含义和意义，这就是为什么我们建议你传达五次。你是否曾经开车经过一条你已经走过一百次的道路时，突然抬头发现一家还不错的新餐厅？走进这家餐厅后，你却发现这家餐厅已经开了六年了，但你之前从未留意过它。这就是为什么我们建议你以五种不同的方式传达五次重要任务信息的原因，因为员工接受和抗拒的交流形式各不相同。

里克利用5×5沟通的方式强调了大家一致赞同的关键

行为，并制订了一个为期五周的强化计划。他在一周的时间内，以五种不同的方式，强调了某一关键行为五次，因此每种行为都受到了为期一周的关注。

例如，强调"脱鞋"的那一周：

● 在每辆卡车的方向盘上贴上一张带有泥泞靴子的图片，鞋子上画了一个大大的叉号。

● 周一早上的例会提醒。

● 给团队的所有成员发送简短的短信提醒。

● 巡视技术人员的工作现场，强化大家脱鞋的意识。

● 对客户进行电话随访，表扬（或问责）相关人员。

里克告诉我们，在第五周结束时，当他再次想要巩固技术人员的这些行为时，技术人员大喊："我们知道，我们知道。"里克笑着说，"我知道，我的目的实现了。"

在制订5×5沟通计划时，不要采取电子邮件和电话会议的形式与员工沟通。在工作之余，你的团队成员几乎都是通过社交网站上的摘要和简短的播客获取信息的，任何问题的答案都可以在"油管"上找到。他们也习惯了播客或"油管"上的人在看似没有任何脚本的情况下分享他们的见解，就好像他们正在和自己信赖的朋友交谈一样。你也可以尝试用一些有创意的方式进行5×5沟通。利用以下的几种方式改变自己以往的沟通方式：

● 战略性叙事。在故事的开头讲述你想强调的信息，并将其融入个人的故事当中，借此故事与团队分享你想强调的信息。

● 内部播客。想象一下，假如公司一线经理在开车上班的路上，你坐在他的副驾驶，与他分享自己的战略愿景和见解，以及那些让你夜不能寐的事情。这正是内部播客能够为你做的事情。

● 非正式视频。并非只有制作精良的视频才能有效传递信息。录制一段两分钟左右的视频，周一早上分享给团队成员观看，或者周五发布一段总结本周工作亮点的视频。确保视频简短有趣，并包含一条你想要强调的信息。

● 卓越运营会。这种互动性较强的会议把员工大会提升到更高的水平。会上，你首先讲述公司的战略优先事项，利用战略故事强调其重要性，分享令人信服的商业案例，表达对员工的认可，接着让团队成员学习和分享，练习他们散会后可以立即使用的较为实用的技能。在第六章中，我们提到了卡琳的例子，在销售团队转型的过程中，她就使用了这种方法作为5 × 5沟通策略的一部分。

● 手写卡片。我们认识的几位首席执行官每周都会手写一些小卡片来感谢团队成员一周的辛勤工作。他们可以借此机会强调新实践、延伸目标和公司的价值观。我们有位客户曾说："我过去就一直认为手写卡片非常有用。如今，我会更有意地建立公司的文化。在我手写的卡片上，我有意将员工所做的事情与公司的五大战略价值观联系起来。我认为这会使手写卡片更有意义。"

一次的沟通是远远不够的。若想改变员工的行为，必须确保自己以五种不同的方式与其进行五次沟通。不要让任何人错过你想要传达的消息。

高绩效者拒绝领导者新想法的五大原因

在公司里，是不是才华横溢且绩效最高的团队似乎并没有采用作为领导者的你所提出的最新的创新或好想法？在你努力激发员工才能的同时，也要留心自己的团队是否存在以下这些问题。

（1）他们质疑你的动机。若想确保团队相信自己的动机，最好的方法是自己首先反思自己的动机。你是否早就知道所谓的好想法根本不会奏效，只是不敢承认？你是否花在项目检查上的时间多于花在项目运作上的时间？作为领导者，你首先要确保自己的动机是合理的。

（2）他们仍在积极努力地实践你上一次提出的"好想法"。表现出众的员工不想让你失望，所以他们可能不敢"抱怨",但实际情况是他们经常对你提出的"好想法"感到不知所措。

（3）虽然你提出了不错的想法,但并不适用于实际工作场合。如果你的一位下属找到了提高业绩的诀窍,你会想,"为什么不要求每个人都用同样的方式工作,成倍地提高业绩呢?"但你要确保采用的最佳实践在各种不同的情况下都能适用。

（4）你提出的好想法并没有那么好。我们发现善意、精力充沛的领导者常犯的最大错误之一是在未考虑清楚所有的细节之前,就大规模地实施了某个想法。伟大的想法如果在现实的生活中并不适用,就不会产生实际效益。在开始实施某个想法之前,先停下来反思以下几个问题:

- 大家对这个想法有什么看法?
- 你认为客户对这一变化会有什么反应?
- 你认为要实现这一想法,我们将面临的最大挑战是什么?
- 我们需要考虑哪些因素才能确保我们取得巨大的成功?

（5）你所谓的好主意只适用于自己。当你建立了一个充满问题解决者和小微创新者的勇敢文化，他们会希望更多地参与公司的事务。如果公司的所有伟大想法都是由领导者提出的，这样的公司文化就不会使员工变得非常勇敢。因此，如果出现类似的情况，可能你要退后一步，提出机遇或挑战，征求员工的意见。你可以随时帮助员工完善他们的建议，实践公司的原则，增强员工的归属感。

展示

史蒂夫倾注了所有精力启动公司的一项新计划。公司的所有员工都知道这项计划的重要性和其中的原因。他所采用的5×5沟通策略更像是30×30沟通策略，所以公司各个岗位的员工都十分清楚这项计划的目标以及关乎计划成败的行为。此外，史蒂夫调配公司最顶尖的员工专攻该战略，并投入了大量的财政资源实现这一目标。但现实情况是，该计划并未激起太大的反响。正如史蒂夫所说：

"我对新战略计划的销售业绩低迷感到非常沮丧，我多次向员工强调为什么这项计划对公司如此重要，我甚至自己都听烦了。但客服代表却很难从前来问询的客户身上获得销售业绩。

随后的某一天，我走进客服中心，亲自接了几个客户的电话。我发现问题非常棘手。我意识到我们很难向客户解释清楚我们所谓的新计划，公司的培训也没有让客服代表为接听客户的电话做好充分的准备。在销售代表学会如何回答客户的问题之前，向客户解释再多为什么这个计划很重要也无济于事。"

我们合作过的许多公司都出现了同样的情况，公司的领导者明确了重要的任务后，将其清晰地传达给公司的所有员工，但任务结束后并未展示完成这些重要的任务究竟带来了哪些成果。领导者究竟是只有良好的意愿，还是较好地实践了自己的目标，取决于领导者如何结束自己发起的任务。领导者若能强势地结束任务，便会步入高昂士气、取得成果、员工对领导者更加信任的良性循环。如果领导者未能完成任务，则会适得其反：员工士气低落，未能取得较好的成果，且领导者的信誉受损。但可悲的是，许多公司都充斥着只会发起任务但从未结束任务的领导者。

史蒂夫一直没能激发员工的才能，直到他开始深入到员工当中，真正了解这些举措会带来哪些影响，员工遇到了哪些困难，以及如何推动员工进步。展示指的是你在业务的各个环节都对员工取得的成果和行为进行测评和检查。你和团队能够通过定量分析和直接观察来判定员工能够在哪些方面做出团队期待的行为，而在哪些方面无能为力。借此，高管可以确保经理通过赞扬和问责来强调员工应该表现出的行为，并确保员工正在做他们应该做的事情。

请记住，展示结果绝不仅仅是为了确保一切都在按计划进行。我们曾与一家金融服务公司合作，这家公司的公司文化特别强调以人为本，一位高级副总裁在回顾我们协助举办的一次会议时说："我认为这次会议令所有人都感到惊喜，所有的与会者都希望得到更多关于他们的领导力和表现的反馈，并且他们为此也付出了较大的努力。"各个级别的员工都能从清晰的反馈中有所收获，并因此相信自己正朝着正确的方向前进。

领导者在展示结果时经常会遇到两个问题：盲目信任和失去信任。盲目信任的领导者会假设所有员工都能理解并同意自己所说的内容，因此自己想要获得的结果会自然而然地出现。由于忙碌，他们没有跟进后续的工作，也担心检查会向员工释放一种不信任员工的信号，或者他们认为自己不应该跟进后续的工作。反之，有些领导者在跟进的过程中失去了信任，通常是因为他们只关注数字，而忽视了自己应该领导团队中的人。恰当且适时地展示工作成果可以帮助领导者避免这些问题，激励自己辛辛苦苦培养的员工。

要信任，也要查证

盲目信任的领导者并未意识到，员工不会突然之间就有了责任感。团队中的每个人都面临着忙碌的生活，总会觉得现有的时间不足以完成自己的工作。此外，他们的计划会被打断，继而新的计划又会被再次打断。如果领导者无法有意识地专注于完成自己发起的任务，就根本无法实现团队的计划。你要帮助公司的领导者下定决心完成任务，不要寄希望于运气或意志力。

如果公司的领导者需要花费巨大的精力才能记住自己需要完成的所有任务，那么他们永远不可能完成自己的任务。有太多事情需要完成，所以考虑所有的事情会让人变得筋疲力尽。因此，你可以通过安排领导者展示工作的成果，让所有的员工都能对最重要的事情负责。当团队设定了某个目标或定义了某个关键行为时，则需要留出时间亲自检查工作的结果，审查你期待的行为，并确保进行5×5沟通。对于高层领导来说，最重要的展示是确保各级领导者充分参与到清晰度阶段。你的领导者是否在实践5×5沟通？是否做出了成功的示范？

持续承担责任并不可怕，关键在于时间节点。你和公司的领导者将在何时跟进、贯彻和完成公司的目标？你可以安排实地考察、越级会议，或者像史蒂夫一样深入团队当中共同参与。在俄罗斯流传着这样一条古老的谚语："要信任，也要查证"。罗纳德·里根（Ronald Reagan）使这条谚语声名远播。如今，在世界各地举办的会议上都能听到这句话。能做到这一点的领导者，大多掌握了这句话的精髓。

上场竞技

事无巨细、只关心指标、忽略引领员工的领导者很快就会失去员工的信任。若想避免出现这样的情况，当你向员工表明"一切都在按计划进行"时，也要做好了解真实情况的准备。正是这种想要了解真实情况以及原因的意愿，让史蒂夫的展示变得更有意义。他意识到了亲身体验工作的重要性。这就是畅销书作家、专注于研究弱点和勇气的专家布琳·布朗（Brené Brown）所说的"上场竞技"。

"如果你没有和我们共同上场竞技，没有与我们一起经历困境，那我也没有兴趣听你的反馈。"

——布琳·布朗

为了真正了解团队所需的支持，史蒂夫亲自到一线体验工作，听取客户的意见。当团队的一线员工知道史蒂夫了解了团队的真实困难，承认困难的确存在时，他们才会更有兴趣听取他的营销理念。在某些公司中，你会经常听到"领导者根本不了解情况"的抱怨，那是因为领导者根本没有做到与员工一同"上场竞技"。

例如：

- "我们公司高管总是想办法派我去参加那些会引发争议的会议，不会自己亲自去。而我回来后，她总是不断地反馈说，我刚刚应该如何从不同的角度阐明我们的观点。"

- "我的经理总是害怕表达我们的诉求，她每次优先考虑的不是工作进度，而是办公室政治。我们在她身边工作的时候总是尽可能少地与她交流。"

- "我们正在努力推动这个项目，但我们不断从主管那里得到不同的指令。当我们建议他们解决领导层面的问题时，他们自己也无法改变领导者的决策，更不想因此掀起波澜。"

如果领导者没有"上场竞技"，没有从团队的角度考虑问题，或者没有深入一线了解实际情况，就无法取得真正的成功或有能力影响员工做出改变。确保公司的领导者履行他们的承诺与赞扬员工的表现同样重要。如果你发现一个团队不明白自己为何要完成手头的工作（或者他们根本没有做正确的事情）时，那么问题首先出在团队的领导者身上。领导者需要明确成功的标准，重新制订5×5沟通方案，并安排下一次的展示。

　　本章介绍的"知道、传播、展示"的方法旨在帮助领导者激发员工的才能。我们经常听到领导者抱有这样的疑问"我们需要完成太多的工作。既然我们聘请了优秀的人才，为什么不能依靠他们完成他们分内的工作？"是的，领导者的确可以依赖员工，但在勇敢文化中，员工需要完成的并非计算机可以更快、更准确、更省钱地完成的例行任务。如果领导者为了更好地服务客户，能够将创造力、解决问题、同理心和协作等人为因素结合在一起，便会发现人与人之间在个性、注意力、竞争优势和沟通障碍的差异。这就是问题所在，也是我们需要用清晰的沟通和一致的、明确的结果来激励员工的原因。

首次尝试练习

沟通方案

　　现在，是时候践行你设定的原则，并利用能够确保清晰度和结果产出的沟通计划激励员工。

🤝 目标

- 确保你所选择的微创新、解决方案或最佳实践在整个团队中得到准确地传播和实施。

🤝 所需时间

- 15分钟到30分钟制订沟通计划。

● 10天到30天实施计划。

🤝 过程

与你的团队合作，共同制订以下的沟通计划。

知道：确认最重要的是什么（例如，通过这三种行为提供优质服务）	
传播：实施 5×5 沟通策略（例如团队会议、电子邮件、海报、非正式视频、非现场会议）	
展示：明确发生了什么（例如，走动管理、实地考察、同行认可机制）	

第1步：知道——在完成"知道"的部分时，阐明你所要求的成功完成微创新、解决方案或原则的标准。

第2步：传播——在"传播"部分，确定自己使用了五种不同的方式传达在"知道"部分阐明的内容。通常情况下，在10天到30天的时间里，在五次不同的时间里利用五种不同的方法向员工传达重要的内容，确保自己已经明确指出了谁将在什么时间做什么事。

第3步：展示——"展示"部分填写你将采取哪些策略确

保团队采取措施、克服任何困难。确保自己已经明确指出了谁将在什么时间做什么事。

　　方案制订完成后，确保要贯彻和落实该方案。

第十二章

如何构建支持勇敢
文化的制度

————

　　每当我怀疑某位领导是否能对我的公司产生积极的影响时，我都会问自己这个最重要的问题：我是否希望我的孩子为这个人工作？如果答案是否定的，我知道我需要做出一个艰难的决定了。

　　　　　　　——大卫·亚历山大（David Alexander），

　　　　　　　　　　　　Soliant Health[①]公司总裁

————

① 　Soliant Health 是一家为医疗保健行业提供从业人员的公司。

　　卡琳走进临时外包的客服中心——就在不久前，这里还是商业街的一家零售店。客服中心开得如此之快，以至于你仍然可以通过招牌上被拆除的字母留下的灰尘猜出过去这家商店的名称。卡琳吓了一跳，她发现过去的更衣室成了现在的训练室。办公室里大片的格子间看起来和过去一样，也没有客服代表在办公桌上摆放自己的私人照片，除了钉在会议室墙上的一厚沓质量分数排名表，墙壁都是光秃秃的。为了建立与客服代表们的联系以及向最成功的客服代表学习，卡琳找出了质量分数排名表中排名靠前的三位员工。她问中心的主任里奇（Rich）："我可以和莎拉（Sarah）、约翰（John）和塔文（Tavon）交流一下吗？"

　　"额，恐怕不行，他们三位上周都辞职了。我看看留下来的还有谁，"里奇紧张地说。"抱歉，这是很久以前的一份报表。"他一边翻着墙上的报表，一边说，"这些报表不一定都是准确的。但是这家客服中心未来一定会大获成功！我培养了一支了不起的团队，也获得了我需要的所有支持。别担心，我相信下个月我们一定会实现当初设定的目标。"

　　随后，卡琳召集所有的主管开会。这些人纷纷对卡琳说："我们喜欢这里！""工作环境很好"和"您可以信赖我们！"当然，这些恰恰都是糟糕的迹象。显然，每个人都被教导要保持积极态度，而不是讨论当下真正面临的挑战。很明显，大家都不敢表达。

接着，卡琳参观了另一个客服中心。当她开着租来的车进到停车场时，中心主任弗雷德（Fred）说："我在停车场等您。我希望您能体验一下我每天是如何开始一天的工作的。每天早晨，我都会从停车场开始我一天的工作，思考我们的客服代表走进公司大门的时候会是什么感觉。"

中心入口的墙壁被粉刷得亮堂堂的，客服代表换班时，主管们会在门口迎接他们。走进中心的里面，卡琳发现各个团队都有各自办公的格子间，格子间的主题各不相同：有些格子间里摆放着客服代表的婴儿照片，玩着"猜猜我是谁"的游戏；有些则张贴着每位客服代表的承诺声明，承诺他们会做哪些让客户惊叹的事情；还有些格子间挂着漂亮的图表，虽然图表呈现的业绩结果较为糟糕，但基本都朝着正确的方向发展。

"麻烦您再移步到训练室看看！"弗雷德把卡琳带到了一个房间，房间里有熔岩灯、豆袋椅、糖果盘、接听电话的话筒以及用于头脑风暴的白板。当他们坐下来商量接下来的访问计划时，弗雷德说：

"我必须坦白地告诉你。我们几乎没有使用过这间训练室，大家都没有时间。我们不得不承认，我们中心扩张得太快了，现在有点贪多嚼不烂。招聘合适的人才比我们想象的要困难得多，招聘主管级别的员工更为困难。"

"我们上个月刚刚招聘来的客服代表现在已经升任主管了，因为中心发展得过快，不得不提拔一些人。他们没有接受过相应的培训。大家都是新人，客户打来的电话都耗时很久，我们能够接听电话的数量也没有当初设想的那么多，所以大家都在加班。每个人都很疲惫，没有时间接受培训或辅导。"

"为了更好地培养我手下的客服代表，我需要让他们有一些时间不用忙于接电话，即使这意味着可能会少为公司赚钱。我们没有搜集完成决策所需的所有数据，所以只能私下操作。我已经召集我手下的主管与您会面，他们会告诉您我们在哪里遇到了困难、我们正在做什么以及我们需要您提供什么帮助。此外，我们还想要讨论应该如何制定这些合同，以及这意味着我们应该如何培养中心的客服代表按照您要求的质量完成任务。"

两家外包的客服中心都没有做好充分的准备，但为了胜任现有的工作，不得不迅速地扩张。因此，两家中心都陷入了严重的困境，提供的客户服务体验都十分糟糕，人员流失情况严重。一家中心选择通过忽视基础的制度和试图掩盖没人愿意谈论的突出问题勉强维持利润。而另一家中心的负责人清楚地知道，唯一的生存机会是更改基础的制度，帮助员工克服害怕表达的障碍，制订可持续的方案进行合作。

猜猜哪个中心快速扭转了局面，哪个中心三个月后就关门大吉了？

卡琳和她的领导团队继续与其他外包的客服中心的高管进行类似的勇敢对话，从而明确成功的标准以及坦率地谈论为了持续地获得成功需要哪些基础的制度。他们为了实现可持续发展放缓了增长的速度，重新修订了合同，以此给客服中心留出更多的时间指导和培训客服代表，引入新的训练方法，报表的数据也更加客观，客服中心的认可度和支持度也得到了大幅提升。每年，各个中心甚至会关闭几个小时，举行充满活力、有趣的启动大会，以确保每位员工了解什么是最重要的任务以及为什么重要，庆祝进步，分享最佳实践，表彰表现最优异的员工。

或许，最勇敢的行为是处于相互竞争关系的公司的高管同意聚在一起开会，无私地分享有关员工敬业度和支持的最佳实践。结果如何？几乎所有的外包客服中心所提供的客户服务体验都在质量上与公司内部的客服中心达到了同等水平。这是许多人认为永远不可能实现的巨大进步。与此同时，人员流失的情况大幅减少，这也为开设更多的客服中心奠定了基础。对所有人来说这都是一种双赢的局面。

如果所有员工都不敢说真话，领导者就无法解决基础制度的问题。如果公司没有建立有助于发展勇敢文化的基础制度，便无法真正建立勇敢文化。员工亲眼所见和亲身经历的事实，远比领导者说的话更能影响他们的行为。公司里的各项制度都会助推或阻碍公司的战略和文化的形成。

若想建立有助于创建勇敢文化的基础制度，请特别注意公司如何：

- 招聘和雇用员工。

- 影响潜在的团队成员在入职之前对公司的初步体验。

- 在新员工入职后，让他们对公司有新的感知。

- 支付员工的薪水，是否认可并善待员工。

- 反馈员工的表现。

- 培养员工成功所需的技能。

- 选用领导者以及培养领导者。

清晰度和好奇心的循环适用于公司的各项制度。我们首先来研究，领导者如何确保公司的各项核心制度有助于完善建立勇敢文化所需的基础制度。

招聘和雇用员工

维奥莱特（Violet）之所以聘请布莱恩（Brian）担任总经理一职，是因为他有长期在一家知名的世界 500 强公司出色的工作经历。维奥莱特的公司正处于快速发展的阶段，因此她希望布赖恩帮助她提高公司的竞争力。面试的过程中，他谈到了很多前任公司的最佳实践。布莱恩的前公司以其一流的培训和始终如一的客户服务而闻名。于是，维奥莱特越听越兴奋。她确信布赖恩非常适合这份工作，但结果则不然。

事实证明，布莱恩之所以快速地进步，是因为前任公司建立了高度清晰的公司文化。接到某项任务后，他非常清楚应该怎么做，并且次次都能完美地完成任务。但在这家快速发展的初创公司，他彻底迷失了方向。他很难将自己在旧职位上学到的知识应用到新的工作岗位中。加之他又因公司缺乏指导方针和正当的程序而倍感失望，因此即便做出任何一个微小的决定他都需要不断向上司寻求帮助。布莱恩完全不知所措，创新就更无从谈起了，他觉得能熬过每天的工作就已然非常幸运。面试的时候，维奥莱特关注的其实是布莱恩的前任公司的做法，她并没有深入地了解布莱恩复制这些做法的能力。

在对布莱恩失望后，维奥莱特转换了招聘的方式。她招聘了萨尔（Sal）到公司工作。萨尔是一位想法极为丰富并且又十分聪明的千禧一代，是积极进取的典型代表。萨尔之前就职于一家以创新文化而闻名的公司。他完美地完成了辞职前的最后一项任务，这都要得益于他的得力助手帮助他把所有的想法都付诸实践。如果没有这位助手，萨尔也会不知所措。在面试的过程中，萨尔的活力和魅力给维奥莱特留下了深刻的印象，以至于她忘了问他在真正实践这些想法的过程中所起到的作用。

你是否有过这样的经历？你十分向往某家公司的公司文化，便有意招聘从这家跳槽的员工。理论上，这些潜在的新员工都看起来很棒。他们以往的工作经历都非常成功。但他们入职还不到三个月，你就会发现自己做出了错误的选择。

俗话说"在有鱼的地方钓鱼"，若想要招揽到有勇气、创新能力和清晰的执行力的领导者，就必须发掘哪些公司已经建立了相关的企业文化，并从这些公司当中找到能够实现这一目标的领导者。但是，你要确保足够深入地了解自己想要招揽的领导者，确保他们在你的公司遇到类似情况的时候，能够完成你需要他们完成的工作。

理想情况下，你将要聘请的人必须能够在清晰度和好奇心这一循环的两个方面都显示出足够的能力，这对于建立勇敢文化至关重要。或者，你可以组建一支技能互补的团队。对于入门级或一线职位，请重新审视自己过去发布的招聘广告以及职位表述是否存在过度强调合规工作，而忽视了解决问题或为客户着想的因素。你招聘的人员有什么诉求？如果你的团队已经建立了堪称典范的勇敢文化，那就找出使团队建立勇敢文化的核心特征和能力，并将这些特征和能力体现在岗位描述和招聘的过程中。

彰显勇敢文化的面试问题

在面试过程中，面试人员是否会提一些与行为有关的问题，比如就潜在员工解决问题、从客户的角度看待问题以及在日常工作中微小的进步等方面进行提问。以下列举了一些结构化面试中的问题，可以帮助你更深入地了解你想要招聘的员工，评估他们对建立勇敢文化的贡献和经验。

询问潜在员工关于勇敢和创新的相关经历

● 你曾经提出过的有关提升业务的最佳想法是什么？描述一下这个想法。你利用这个想法做了什么，结果怎么样？

● 请告诉我你某一次强烈反对自己上司的经历。反对的是什么问题？你是如何解决的？

● 描述你在工作中遇到过的最困难的问题。你如何克服这一问题？解决这一问题的方法最令你得意的是哪个方面？下次再遇到这样的问题，你会采取哪些不同的做法？

● 你在工作中犯过的最大错误是什么？你从中学到了什么？

询问潜在员工领导他人变得勇敢和实现创新的相关经历

● 你是否曾带领团队做出过重大的变革？改革前是什么情况？描述相关的过程以及所产生的结果。

● 为了提升业务水平，你用过哪些方法来鼓励团队成员表达自己的想法？

● 我们公司要求每位员工都从客户的角度思考和行动。你是否曾经领导过这样的团队？你如何了解团队成员是否从客户的角度行事和解决问题？

● 你如何培养团队成员解决问题的能力和拥有批判性思维？告诉我你在这方面最成功的故事。

入职培训中的勇敢文化的构建

卡琳正在与她最喜欢的一位直接下属威尔（Will）共进午餐。他们碰面是为了讨论威尔的新工作。威尔在描述自己的新工作时，明显透露出一种很沮丧的感觉："新员工入职培训持续了一周的时间，培训结束时，我的领导说，我雇你不是因为你的想法，而是雇你来实施我的想法。"

威尔看到卡琳脸上惊讶的表情，继续说道，"但我一直在反思，是不是我有点太强势了？我一开始就有这么多想法，可能使他不知所措，甚至可能伤害了他的感情。他认为我是在批评他，而不是尽我所能地提供帮助。从现在开始，我将保持沉默，离职的事情也要提上日程。"

这简直是一场悲剧。威尔不仅仅是一个有想法的员工，他还是一位忠诚的运营经理，他会不惜一切代价实现公司的愿景，包括探索创造性的加速取得成果的方法。当然，他之所以被录用是因为他以往的成功经历，但不知何故，刚刚入职就使他决心离开。

67%的受访者表示，管理层的管理理念是"这就是我们一直以来的做法"。你可以在一天之内就打破这种荒谬的说法。首先你要明确指出，直言不讳是"像我们这样的人"应该做的事情。清楚地表明：分享最佳实践和直言不讳是公司文化中不可或缺的一部分。例如：

在公司里，员工最重要的工作就是当他们发现任何问题或有任何想法时直接说出来。我们希望员工不断地探索如何为我们的客户提供更好、更轻松或更有效的服务。此外，最成功的员工一定都是小微创新者和问题解决者。

当然，这只是一个开始。你的新员工很可能没有真正体验过勇敢文化，他们对此会持怀疑态度。此时，作为领导者，需要介绍各个级别的员工的具体事例，展示他们都提出了哪些改变规则的好主意。你可以要求员工亲自分享他们的故事，或制作视频让员工讲述他们提出了哪些想法及其产生的影响，或者他们如何发现和解决问题的故事。

对于基础制度的建设而言，这一举措无疑起到了一举两得的作用，因为这也是对那些直言不讳的员工的认可和鼓励。在分享这些成功故事的同时，当然也存在一些没有成功实施的好主意。你也要帮助新入职的员工明白，提出了一个行不通的想法并不意味着失败，不思考、不表达才是真正的失败。

此外，我们建议你，针对不同级别的员工，提供适合他们职位的关于批判性思维和问题解决的培训。请记住，我们的研究显示：45%的员工表示他们没有接受过任何相关的培训。通过培训，可以向他们介绍一些简单的工具，例如理念框架或第十四章中介绍的九大问题训练模型等都会成为一个不错的开始。

一旦你使新员工清晰地了解你对畅所欲言的期望并为他们介绍了相关的启动工具，就可以开始激发他们的好奇心了。你也可以充分挖掘他们在之前工作的公司中学到的最佳实践和想法。专门抽出时间了解他们最喜欢上一份工作的哪些方面及其原因。如果你聘请的新员工有着同行业的背景经历，那就再好不过了，你可以借此深入了解其他公司是如何应对你所面临的最大挑战的。

询问员工最佳想法的同时，也需要注意一点：你的新员工可能对你的公司不够了解，一开始并不知道哪些最佳实践适用于你的公司。他们可能会假设你已经采取了他们在上一份工作中已经认为是惯例的做法，但是突然惊讶地发现你根本没有这样做。面对这样的情况，你只需给他们布置一个简单的任务，就能够克服这一差距并从新员工之前的工作经验中受益。

在新员工入职的第一个月内，要求他们写下至少三个他们想要推荐的新想法或最佳实践。你可以利用以下这几种对话的开场白来帮助他们完成这项任务：

- 在你之前工作的公司，他们是如何解决（在此阐述你面临的最大挑战）的？

- 某某公司在哪些方面比我们做得更好？

- 你没有掌握旧公司的哪些方法或流程？

- 如果你可以教我们公司的所有员工一个你上份工作的最佳实践，你会教大家怎么做？

一个月后，和他们约个时间进一步讨论他们的想法。这最后一步非常重要，既能强调你对创新的期待，又能快速地了解他们作为"局外人"的观点。但要切记用尊重的方式回应新员工提出的观点。即便他们提出了无效的建议，也要首先感谢他们的想法，并提供他们需要的额外信息。这样一来，从他们入职的第一个月开始，你就又多了一位战略思想家。

制订培训计划

大多数人并非天生就具备了我们在本书中一直讨论的技巧（如果天生就会，那么每个人都能做到。况且与应对不断变化的世界相比，循规蹈矩更加容易）。若想使员工获得新的技能，需要培训、持续强化并将其应用到真正的业务挑战中。首先，这要从公司的管理团队开始。

公司的高层领导团队是否接受过高管培训？是否掌握了为公司设定清晰的愿景并在全公司实现了行为的转化？是否制订了明确的鼓励微创新的计划并始终如一地赞扬和巩固最佳实践？确保给予公司的高层团队足够的时间制定勇敢文化的实施战略，确保他们知道如何评测员工的进步。

在艾美·艾蒙森所做的有关职场心理安全的研究中，最重要的发现之一是团队赋予了员工心理安全。在同一家公司工作的两个团队，虽然他们基础制度相同，但害怕表达的程度可能完全不同，因此，由于团队的领导者的不同，不同的团队在微创新、问题解决和维护客户利益等方面的情况也不尽相同。

领导者在尝试建立勇敢文化时常犯的错误是，他们要求公司的领导者还没学会走路之前就开始跑步。在你开始训练一些太过花哨的方法之前，请先确保他们掌握了建立信任和影响力的基本技能。他们：

● 是否有对能力的明确设定和期待？是否掌握了相应的方法？

● 开展的问责谈话是否能够取得相应的结果并与员工建立联系？

● 是否定期庆祝成功、鼓励员工？

● 是否与员工建立了良好的人际关系？

● 是否召开有效的会议并将会议的决议转化为有意义的成果？

● 是否与团队成员定期举行有意义的一对一会议？

一旦建立了这些基础，你就可以帮助他们利用更具战略性和批判性的思考方式、提出勇敢问题的技能、复制最佳实践并鼓励团队成员提出更多想法等方式，完成勇敢文化循环的好奇心阶段工作。

如果你下定决心想要建立勇敢文化，并希望公司的领导者能够培养团队成员的好奇心和发现好的想法，千万要重视对一线员工进行一致性行为和技巧的培训。多与员工交流公司的整体规划，以便他们清楚地了解公司的战略目标以及成功的想法能带来哪些改变。定义维护客户的利益对于他们的岗位的具体含义，并让他们探索在不同的工作场合中的维护客户利益的标准是什么。培训他们如何反思他们的想法，如何进行良好的沟通。

表彰与奖励

"难道他们就解决不了吗？"约翰喊道。

约翰是一位非常勤奋但脾气很差的工程师，他白手起家建立了一家全球性的硬件、软件制造公司。作为公司的首席执行官，他带领公司几十年来一直处于市场的领先地位。但如今，公司的声誉逐步下滑，客户投诉激增，并且为了维持市场份额，他们需要推出的新产品似乎也要推迟好几个月发布。工程部副总裁吉恩（Gene）的团队和销售部副总裁凯西（Kathy）的团队几个月来一直不断地争吵，约翰打电话给大卫，希望大卫能够帮忙使他的团队重整旗鼓。

大卫说："在他们弄清楚哪些是最重要的任务之前，根本无法解决这个问题。"

"可是我已经说得非常清楚了！我们必须赶上进度，将新产品交到客户手中。有这么难理解吗？"

"所以，工程部应该只专注于新产品？"

"没错。"

"需要付出什么代价？"

约翰皱起眉头："你是指什么意思，付出什么代价？"

"嗯，只要工程部一天不解决客户的投诉，销售团队就会面临客户流失的问题。销售团队的评价和薪酬取决于客户保留率和不畅销的产品的佣金。但你所说的最重要的任务，与他们实际的工作机制是两回事，销售团队担心的是他们没有客户来推销新产品。"

约翰坐下来，看着天花板。"所以，他们无法解决当下的问题，因为……"

"因为从最重要的任务这一点来说，你传递了两种截然不同的信息。"

最高层领导者很明确地知道："公司最重要的目标是让新产品快速上市。"但公司难以实现这一目标的原因之一是他们的薪酬、表彰和奖励系统与战略目标不一致。销售团队的薪酬和奖金结构需要仰仗工程部花时间解决客户对旧产品的投诉。但工程部没有多余时间。错位的薪酬体系阻碍了所有员工的进步和决心。公司需要重新调整薪酬和绩效评估体系，使其与战略目标一致，所有人才能精诚合作。

在第九章中，你已经了解了强调、赞扬和奖励构建勇气和实现创新的重要性。员工会因此多做你鼓励和赞赏的行为，少做你不提倡的行为。你要全方位地仔细审查你的绩效管理和评价体系：公司的绩效评估流程和方法是否真正激励了你想要鼓励的行为？公司的薪酬体系如何？谁又因为什么得到了升职的机会？员工对于获得奖励的行为的关注远远超过你所强调的重要的事情。

约翰的管理团队召开了会议，就每个部门如何为新产品的成功发布做出贡献进行了激烈的讨论。他们必须就当前的客户满意度和产品开发做出艰难的决定。随后，为了凸显目前的优先事项，管理团队共同研究了如何就此调整公司的激励和奖励机制。

大卫带领管理团队修订奖励和评价体系，调整了各种存在冲突的情况。他们绞尽脑汁思考将来应该如何处理这些情况。在某些情况下，需要暂时调整公司的奖金结构。在某些情况下，团队需要召开一次"快速反应"会议来讨论这个问题。

在未曾权衡自己愿意和不愿意做出哪些让步之前，你不会真正了解哪些是重要的事情。简单的对话不足以帮助你认清当下的局势。约翰最终后退一步，说："难怪你们一直在争吵。如果我们自己都不清楚自己正在做什么，怎么可能指望员工能够明白呢？"

评估进度

建立公司文化需要时间，领导者需要确保自己设定了明确合理的度量标准，需要随时了解想要实现的结果和员工实施计划的进度。对于公司各个级别的员工而言，他们成功的标准是什么？哪些具体行为是最关键的行为？你将如何评价这些行为（例如，每周一对一会议、参与度调查、面谈的次数）？你希望实现的短期和长期目标是什么（想法的数量；产生的想法与实施的比率；工作效率的提高；客户保留率；员工保留率）？

首次尝试练习

了解公司的基础制度

🤝 **目标**

- 坦诚地谈论公司的基础制度和支持体系。

- 优先考虑如何更好地建立勇敢文化的制度。

🤝 **所需时间**

大约一个小时。

🤝 **过程**

任何领导者都很难一次性全面而彻底地考量公司的基础制度。首先，你需要快速地对公司基础架构和系统进行审核分析。从两个方面对各项系统进行评分。A列的评分为"偏差指数"（10分表明完全不一致，意味着公司文化与勇敢文化完全相反。1分表明完全一致）。B列中的评分为"影响力水平"，即你有多大的能力来控制、影响或改变这个系统（10分表示100%的影响力，表明你可以立刻改变当前的体系。1分表示0%的影响力，例如，公司必须遵守的外部法规或规则）。

　　将两项的评分相乘得出C列的总分。各项体系都会得出一个1~100的最终得分。

制度	A 偏差指数 （1低~10高）	B 影响力水平 （1低~10高）	C 总分 （A×B）
招聘			
面试和录用			
入职			
报酬			
认可、奖励、奖金结构			
员工培训			
绩效管理			
经理和领导力培训			
晋升和继任计划			

对于得分在70分及70分以上的项目，你需要立即采取行动。简言之，为了使公司保持良好的势头，请选择评分最高的项目，与团队合作制订行动计划解决相应的问题。

第十三章

建立勇敢文化的
领导者

————

坚持让某人做某事，与营造一种氛围让他
成为想要做这件事的人之间有天壤之别。

——罗杰斯（Rogers）

在本书中，我们一直鼓励领导者在开始建立勇敢文化之前完成清晰度和好奇心的循环。如果领导者已经与团队一起完成了首次尝试练习的任务，就已经为建立勇敢文化打下了坚实的基础，与团队合作密切的人或许已经开始意识到了这一点。现在是时候采取后续的措施保持良好的势头，确保所做的前期工作能够发挥实际的作用。

公司希望建立勇敢文化，是因为领导者认为他们正在创造一个鼓励员工畅所欲言的开放环境，但他们却惊讶地发现员工依旧不敢表达自己的观点。即使领导者鼓励员工直言不讳、解决问题、维护客户利益，但是否能够实现公司的愿景、战略和文化是与公司的领导者自身息息相关的。

公司各个级别的领导者需要领会和掌握与员工共同实践的所有观念和方法。公司的员工则通过他们每天工作的团队和直接领导体验和感知公司的文化。艾美·艾蒙森曾经这样说过："心理安全是一种群体层面的体验。工作的氛围能否让自己在心理上获得安全感，一起工作的同事对此有着相似的看法。"除非员工认为自己工作的团队值得信任，否则不会为了解决问题而不断地直言不讳，也不会维护客户的利益。最重要的是，公司的领导者要具备在各自的团队中建立勇敢文化的能力。

这就要求公司中的各个团队有意识地采取一贯且高度负责的方法建立属于自己团队的文化。一点点的负面行为就可能破坏领导者为建立勇敢文化付出的所有努力。谈到工作中不作为的员工，沃顿商学院教授、畅销书作家亚当·格兰特说："一颗老鼠屎可以坏一锅粥，但一粒好米可做不出一锅好粥。"虽然这句话听起来很熟悉，但负面记忆所产生的影响远超于美好经历的记忆所带来的影响。金融学和语言学中都有相似的说法，金融学的观点认为"损失比收益的影响更大"，而语言学中也有"人类更关注负面的词语，而非正面的词语"这样的观点。

那么，领导者如何帮助公司的团队建立一种充满小微创新者、问题解决者和客户代言人的勇敢文化？通过观察日常工作的细节，衡量作为领导者的自己是否在勇敢文化中发挥领导作用，这也是领导者是否完成工作的标志。为了帮助公司建立勇敢的团队文化，每位领导者都需要经历上述过程。与此同时，合理的基础制度也需要重视。

领导者不支持勇敢文化的原因

如果领导者没有在自己的团队中践行勇敢文化的清晰度

和好奇心循环，首先需要反思究竟是哪里出了问题。我们发现，通常情况下由于以下几个问题，导致领导者的意图和一线员工的实际工作出现了脱节。

1. 缺乏培训

领导者出现领导问题的首要原因是他们本身没有接受过与领导力相关的培训。尽管不断有研究表明，不同的领导者会为团队带来不同的影响，但大多数公司并没有使领导者掌握有效的领导和管理他人所需的技能。作为领导者，如果你还未曾有意识地制定领导力开发的战略，现在正是最好的时机。如果你已经制定了领导力开发项目，也需要确保自己遵循了最佳实践。此外，一次性的学习通常只是浪费时间和金钱。领导力的提升需要领导者能够不间断地进行学习，并经常用此来处理实际的业务问题。

启动成功的领导力开发项目的五种方法

专注于行为的改变

这一项目能改变哪些行为？这一培训能否保证实现战略目标？

要求团队的领导者参加培训

在项目开始前，举行一次所有领导者参加的简报会，以便他们了解该项目对他们的团队和工作的价值，准备好战略问题，掌握明确的方法帮助员工学习和应用。向所有的领导者发放一份指南，这份指南帮助领导者轻松地与团队成员进行互动，并强化团队成员在培训中学到的知识。

持续学习

领导者不可能在参加了一场为期半天的研讨会后，就学会了如何领导团队。即便预算有限，也要创造性地构建集实践、反思和反馈为一体的学习项目。确保每天和每周强化巩固所学的关键行为。

激发提升业务的新想法和批判性思维

勇敢文化中的领导力开发项目不只是传授技能，还需提供提升业务的实践机会。与从事领导力培训的专业人员合作，他们将教会参与者批判性和创造性地思考实际的业务挑战，以及制定策略改进或解决这些挑战。

为领导者使用所学的知识提供支持

如果某位领导者不加任何解释地实施他在培训中学到的新想法，那么没有员工会喜欢这种感觉。确保该培训项目能够帮助领导者在团队中应用所学的内容，为领导者制订切实可行的行动计划，确保其清晰明确地向员工传达了将会采取哪些不同的做法，以及其中的原因。

2. 不安全感

不安全感是阻碍勇敢文化建立的第二大管理因素。正如我们在第五章中谈到的彼得遇到的挑战。虽然他上司的上司乔在积极求大家的意见，但是彼得的领导缺乏安全感，担心如果他的团队成员说实话，上级领导会认为他作为领导不够称职，并因此失去领导的职位。事实上，这种不安全感非常普遍。我们经常听到有员工向我们反映，他们的直接上司因为担心自己被认为不够称职而隐瞒部分信息。

参与培训的领导者是否也会因为毫无根据的恐惧而缺乏安全感？还是说，他们的不安全感是对相互矛盾的期待、高层领导的讽刺和由于内部竞争而拒绝合作的理性反应？当人们怀疑自己的立足点时，就很难接受批评、不想听到残酷的真相，更不会对新想法持开放的态度。

3. 相互矛盾的期待和责任

面对今天取得的成就，许多领导者不知道如何处理可能出现的所有想法。他们不会向员工解释高层领导建立"勇敢文化"的计划，因为他们的短期目标似乎与建立一支敢于发声的团队相悖。正如一位经理告诉我们的那样："我需要的是员工听从我的指示。我知道该怎么做，只要他们遵照我的指示，我们就能实现团队的目标。"或许团队今天就能实现目标。但当领导者用这样的方法管理团队，他只关注了短期成功，而忽视

了组建一支能够解决问题、不断进步和主动为客户服务的团队
所带来的长期利益。

领导者是否因为自己的目光短浅和固执己见而仅仅注重
短期目标的实现，阻碍了团队的长期发展，削弱了团队的竞争
力？还是因为他们认为自己只需要负责实现短期目标？如果领
导者需要承担较大的业绩责任，无须承担培养员工好奇心的职
责，仅靠建立勇敢文化的计划和建议不会带来任何行为上的
改变。

如何确保领导者有能力建立勇敢文化

若想让公司的领导者在各自的团队中构建勇敢文化，最
有效的方式是让他们自己拥有相关的体验。调整公司的基础制
度、培训内容和目标来为公司领导者提供支持，最后用一贯的
责任心鼓励他们完成勇敢文化的建立。接下来，我们重点分析
如何利用清晰度和好奇心的循环培养公司的领导者。

清晰度：基本技能

领导者只有具备扎实的领导力和管理的基本技能，才
能激发自己的好奇心、提出适宜的勇敢问题，不断尝试新的
想法。我们在《深度管理：突破管理困境的25条黄金法则》

一书中已经介绍了这些基本技能。其中，这些最基本的技能
包括：

- 如何使团队就成功的愿景达成共识。

- 建立并加强相互理解。

- 建立信任和联系。

- 履行清晰的责任。

- 召开员工想要参加的高效的会议。

- 帮助员工提升信心和能力。

掌握了这些基本技能，公司的领导者便能够在体验勇敢
文化循环的好奇心阶段时，建立信任和信誉的基础。

好奇心：体验勇敢文化

谈论直言不讳是一回事，真正做到直言不讳又是另一回
事。在开会时完成首次尝试练习，做出正确选择。

在这一阶段，领导者除了进行必要的讨论，还需要提升
勇敢文化技能。通过引导叙事使员工充满勇气。领导者提出已
经准备好的勇敢问题，听取员工的回答。如果领导者认为自己
没有听到真实的回答，就以退为进。首先承认办公室里的气氛
较为沉闷，接着强调自己真的想了解员工的观点。当有员工提
出更深刻的见解或表达了某种批判性的观点时，一定要让他们
看到作为领导者的你的确用尊重的方式予以回应。如果一直以

来让员工表达自己的观点都极具挑战性，那就赞扬主动表达的员工，并邀请更多的员工主动发言并向主动发言的员工表示感谢，与他们一起实践原则并在最佳实践中找到可以推广的想法。

谈到建立勇敢文化，有过相关经验的领导者会带来很大的不同。桥水基金是一家极负盛名的对冲基金公司，公司的创始人雷·达里奥（Ray Dalio）描述了他的期望是"所有员工都不会保留自己的批评意见，而是直截了当地表达自己的意见。"他将直言不讳作为桥水基金公司文化的一部分。有一次他收到了一封来自吉姆（Jim）的邮件，吉姆参加了他最近主持的一次会议。在邮件中，吉姆写道："雷，你今天在会议上的表现只能得到'D-'的分数……你根本没有做好准备，否则不会组织得如此混乱。"吉姆还要求雷以后开会要提前做好准备，甚至提出在会议开始前帮助他热身。相比于我们提出的要在公司建立的勇敢文化，吉姆的措辞可能更加直接。但雷的回应是赞扬了吉姆的反馈，并与公司中的所有员工分享了这一故事。后来，他在TED演讲中和数百万观众分享了这一故事。这就是谈论勇敢文化和体验勇敢文化的差别。

领导者还可以通过分享自己犯过的领导错误以及从中吸取了哪些教训，来帮助员工克服自己的不安全感、使直言不讳常态化。德鲁（Drew）就职于一家建筑设计公司，他是一位尽职尽责的高层领导者。我们与德鲁和他们公司的领导团队合作过，领导团队中既有经验丰富的领导者，也有新手领导。当回顾他几十年的领导生涯时，他对我们和他的同事说："我感觉我没有经常告诉大家我所犯的错误。"他解释说，"不分享错误的代价是大家会觉得自己犯错误并不安全，也无法从所犯的错误中吸取教训。"

最后，我想介绍一个能够帮助那些明哲保身的领导者的方法。教会那些不情愿的领导者如何提出并回答一系列的问题，帮助他们保持更开放的心态。例如：

- 是哪些因素让他们犹豫不决？
- 还需要谁的参与才能让他们感到舒适？
- 如果实施这项计划，他们认为会发生什么？

当他们思考这些问题的答案时，往往会发现这些负面的因素并不像他们想象的那么可怕。这些问题也告诉他们，在采取行动时即便犯了错误也并无大碍，但与此同时，你也要确保实际情况真是如此，继而帮助他们从犹豫不决转向付诸行动。决策瘫痪的一个主要原因是担心决策的效力太过持久。因此，找到一种方法，让领导者在可逆转的情况下，体验决策的结果。如果是制订了新的流程，可以安排一个团队进行试验。例如，如果担心某项决策会影响客户的体验，则可以选择一少部分客户试验想法，仔细观察客户的体验。尝试试点项目比说服那些规避风险的领导者做出"永久性"改变要容易得多，而且他们已经体验了尊重回应和实践原则。

清晰度：明确职责、期待和责任

一旦作为领导者的你帮助公司员工掌握了基本技能并邀请他们一起体验勇敢文化，首先需要明确表达自己的期待。明确解释你为什么要投入资金和精力建立勇敢文化，分享你个人为何认为打造一支由小微创新者、问题解决者和客户代言人组成的团队对未来激烈的竞争如此重要。确保员工清楚地知道，你希望他们在团队中营造与你一起工作时相同的氛围。不要理所当然地认为员工知道这一点，有必要明确地表示你希望员工建立持续贡献的团队文化，希望他们能够做到引导叙事、培养好奇心、用尊重回应、实践原则、激发才能。对他们而言，最简单的方法就是复制你对他们所做的事情：为了建立信任和缩短学习曲线，你可以分享自己犯过的错误，提出勇敢问题，然后接纳并回应提升客户服务的反馈、解决方案和想法。

当员工完成某个项目或任务时，明确指出他们的职责、期待和责任，借此帮助其成功激发团队其他员工的好奇心。在与贝斯卡公司的联合创始人杰森·弗里德交流时，他将这个过程描述为自治和代理。他解释说："作为领导者，我们只需要分配项目，明确边界的范围，具体的细节由团队决定。当领导者说，'你能在这些边界内如何自由发挥？'实际是在培养团队的思维和解决问题的能力。"

好奇心：创造性地提升员工的领导能力

作为领导者，你已经专注于培养公司员工，并确保每个人接受了扎实的领导力培训。员工也知道了你对他们的期望，并且已经体验了建立勇敢文化的一些基本技能。那接下来应该做什么？我们的客户常常希望我们帮助他们将其公司的领导力提升到更高的水平。下方的工具栏列举了一些我们认为非常有用的想法。

创新型领导力能力提升工具

1. 个性化（DIY）的360°反馈

使用360°反馈评价可以有效了解团队、同行和领导者匿名的结构化反馈。我们非常推崇这种方法。但这一方法真正的价值体现在后续的对话当中。事实上当领导者告诉他的员工，自己正在努力提高某方面的工作效率（如会议、沟通、支持员工发展等），并希望了解员工对此有何看法时，不仅能够帮助他取得进步，还能起到巩固勇敢文化的作用。

2. 跨部门实地考察

几乎每所小学都会组织学生去动物园参观，这其中一定有其特定的原因。你可以阅读有关长颈鹿的书，了解所有你想了解的信息，但是在真实地体验过一只长颈鹿弯下脖子舔你的脸之前，你很难理解长了一个这么长的脖子的动物，生活有多不方便。安排员工与其他部门的同事会面，或进行实地学习，可以让他们对自己的职责有更清晰的认识。你会惊讶地发现，这样的实地考察能够以惊人的速度增加员工之间的理解和信任。

3. 行动学习项目

"行动学习项目"是一种极为有效的学习方式，妥善地完成行动学习项目不仅可以提升业绩，同时也可以使领导者有机会接触到高层领导者团队。为一少部分员工设置业务挑战，制定成功标准，并提供一定的帮助。要求他们共同努力完成任务，然后向其他员工展示他们的成果。

4. 读书会

团队共同阅读与领导力相关的书籍。

5. 撰写文章

鼓励员工在社交媒体平台上提出自己认为值得分享的观点并撰写相关的文章。这也能帮助他们进行批判性思考，打造自己的个人品牌。注意：一些公司有这方面的公关指南，如果不涉及公司的名称或内部信息，大多数公司都允许员工发表他们对领导力或行业专业知识的看法。

6. 在行业会议上发言

参与行业会议并在分组会议上发言。为此，领导者需要进行相关的研究、提交报告、演示、反馈，当然还要与竞争对手进行基准比较。单是这些就足以使员工受益良多，更不用说参加会议所能带来的好处了。

清晰度：激发员工的才能

当领导者着手完善公司文化时，美好的意愿和训练很容易被日常工作的压力磨灭。在领导者建立勇敢文化的过程中，他们能提供的最大帮助就是防止美好的意愿和训练被腐蚀，缓慢地回到原来的状态。本书的第十一章已经介绍了如何激发员工的才能，确保新的行为发挥实际作用，领导者可以采用同样的方法巩固勇敢文化。责任感是帮助领导者建立勇敢文化的最后一个要素。

有很多方法可以间接地评估领导者的建立方式，但没有什么可以替代直接观察。作为领导者，你如何观察员工的行动？也许你参加了员工正在举行的会议，加入了员工组织的跨级别对话，或者进行实地考察，观看团队的行动。与员工探讨

团队的360°反馈。你可能会问:

- 员工最近一次从团队中听到的好主意是什么?

- 员工最近一次向团队提出了什么勇敢问题?

- 员工最近一次犯下了什么错误以及他们从中学到了什么?

- 在过去的两个月里,员工之间分享了哪些最佳实践?

通过一次访问并提出几个问题,你可以发现许多值得赞扬和巩固的勇敢文化成果,也能很快判断出该团队是否正在营造解决问题、微创新和维护客户利益的氛围。如果作为领导者的你发现,某个团队并未营造出这样的氛围,则需要与团队的负责人沟通,阐明你对领导力的期望,并对为什么没有达到你的预期表示好奇。你可能会因此发现不协调的基础架构需要调整,或者你可能会发现某些人不习惯在这样的文化氛围中工作。无论是什么原因,领导者、团队和公司都会因此获益。

首次尝试练习

领导者发展计划

🤝 **目标**

- 有意识地帮助公司员工做好建立勇敢文化的准备。

🤝 **所需时间**

60分钟到90分钟。

🤝 过程

（1）反思公司现行的管理培训。员工在被安排其工作之前，是否接受过关键的领导力和管理技能方面的指导和培训？如果没有，应该如何弥补这方面的缺失？

（2）对于打造一支由勇敢文化和小微创新者、问题解决者和客户代言人组成的团队的重要性，作为领导者的你将何时以何种方式与员工阐明你的看法？

（3）你将在何时何地邀请员工与你共同体验勇敢文化之旅（例如，引导叙事、参与搜寻恐惧、回答和提出勇敢问题、征求直接反馈以及示范积极回应）？

（4）你将何时以何种方式传达自己期待员工在勇敢文化中做出何种表现？你希望员工从哪项活动开始自己的实践（例如，在下一次召开会议时，提出一个与当前的首要目标相关的勇敢问题。或者在下一次召开会议时，用两三分钟的时间向团队讲述自己犯错的故事，自己从中学到了什么，以及希望员工听了自己的经验能够避免哪些错误）？

（5）你将在何时以及如何继续激发员工的才能并确保其在团队中践行了勇敢文化的行为？

第十四章

利用不同的人才建立
勇敢文化

———

不完美并不是缺陷，它提醒了我们正在共
同面对这一切。

——布琳·布朗，《脆弱的力量》

（*The Gifts of Imperfection*）

我们受邀与十五名才华横溢的工程师、设计师和项目经理聚集在一间会议室里，开展一项长期的领导力开发项目。在很大程度上，他们和你想象的一屋子都坐满了工程师的场景是一致的。大多数人都很安静，但很善于分析。大家说话时对于措辞都十分谨慎，也都非常努力地工作，以确保不出错。但如果你仅仅是根据围坐在会议桌时表现出的个性来评判他们的创造力和激情，就可能会忽略他们内心深处的巨大能量。

当我们为建立勇敢文化打下基础时，我们要求他们反思"你为什么要做你现在做的事情"，并与团队分享自己的想法。轮到公司一位名叫格雷格（Greg）的高管发言时，他低头看了看自己的笔记。"我喜欢这份工作。我们从一张白纸开始，然后……"他把笔记放在一边，抬起头，脸上洋溢着热情。"我们从无到有地创造了一些东西。这让我感觉非常了不起。"

大家都笑着表示同意。然后，在场最安静一位的经理插话说："将某人的想法变成现实简直太酷了。"这位经理又补充道，"事实的确如此，就好比我们刚刚建好的医院五十年后依然会存在于世。成千上万的病人会到这里看病。所以，我们如何建造这家医院至关重要。"

团队中制造一定困难的成员

如果你像许多与我们分享勇敢文化的领导者一样，希望从精神上引领自己的团队，并想知道他们是否有能力进行微创新、解决问题以及维护客户利益。你可能会想到"创意机器"，他们分享了数不清的想法，但这些想法都与你的业务毫不相干。或者，也许你担心那些抱有"告诉我该怎么做"态度的员工，他们是否能成功地适应勇敢文化。一些领导者看着自己的员工，摇摇头说："他们根本无法转变现有的思想，践行勇敢文化。"虽说有时候情况的确如此，但大多数情况下，却并非如此。如果你有意想要建立真正的勇敢文化，在促使员工辞职找新工作之前，我们建议你首先思考如何让更多的员工参与其中，发表自己的看法。

的确，不同的员工有不同的激情、观点和个性。勇敢文化也需要各种不同的人才的加入。但有时候，领导者很容易做出错误的判断，忽视了员工的精力和潜力。作为领导者，你需要放大那些安静的声音，培育处于萌芽状态的想法。我们相信，只要领导者真正为此付出努力，大多数员工都能参与到勇敢文化当中。

正如我们在第十二章中讨论的那样，招聘能够茁壮成长并为勇敢文化做出贡献的人才是解决这一问题的方法之一，但并不是唯一的解决办法。事实上，如果你过分强调招聘愿意发声的员工，最终的结果可能只是组建了一支好斗的团队，团队成员彼此从不听取对方的意见，也无法透彻地思考问题。如果团队中善于创新的明星员工较多，那么没有人会问"我们如何实施这一方案？"想要引领勇敢文化，需要领导者具备领导不同员工的能力，并利用清晰度和好奇心的循环融合他们的才能。在与雀巢公司的索尼娅·斯蒂德交流的过程中，她谈到了雀巢对于员工多样性的重视，恰恰是员工的多样性，使雀巢能够"更好地了解和预测消费者的需求，而这正是雀巢成功的关键"。因此，作为领导者，只有先汇集不同的人才，才能打造由小微创新者、问题解决者和客户利益代言人组成的团队。

领导者如何在勇敢文化中与不同的员工共事？

从了解员工的差异开始。许多领导者之所以无法培养他们想要员工表现出的勇气，是因为他们没有认识到员工之间正常的差异。这不仅会引发许多的矛盾，也违背了员工的期待。比如以下几个例子：

●玛利亚（Maria）希望领导给她更多的自由，于是她给了自己的团队成员充分的自由，但她的团队成员几乎都希望能够得到她更多的关注，他们甚至觉得玛利亚不关心他们。

●戴尔（Dale）将领导交给他的新任务有条不紊地安排在待办事项清单中的最后一项。但他的这一做法让领导感到非常失望，因为他认为戴尔凭直觉就能知道这项任务的重要性超过其他任务，需要立即完成。

● 迪奥（Dion）准备参加员工会议，于是他早早就到了会议室，找了前排的座位坐下。他的上司吉尔（Jill）看到他在会议开始前没有与任何人接触和交流，以为他生气了。

● 劳拉（Laura）是一名数据库经理，为了确保数据准确，她每天都加班。但是因为她的团队领导凯西（Kathy）喜欢搞办公室政治，无视数据的重要性，于是她选择了辞职。

以上所有这些关系破裂，归根结底都是因为领导者不了解员工之间的差异。当谈到建立勇敢文化时，员工之间最根本的区别是更看重过程，还是更看重创新。喜欢管理过程的员工更看重清晰度，喜欢创新的员工更看重好奇心。建立和维护勇敢文化的重要环节是将这些员工凝聚在一起，利用他们的天然优势，同时引导他们完成清晰度和好奇心的循环。

领导者可以利用多种方法了解职场中员工之间差异的相关知识。从根本上理解员工之间的个体差异，比了解具体的方法更重要。了解人与人之间的差异可以提高价值，可以帮助领导者掌握利用团队成员优势的最佳方法。没有员工希望只是被别人接纳。领导勇敢文化需要领导者有意识地探索不同的视角、背景、经验和思维方式。当领导者重视每个人分享的有意义的观点时，员工才会尽自己最大的努力。当领导者学会如何利用多元人才后，员工在与不同的（有时令人沮丧的）客户接触时，才会模仿其行为。

此外，领导者还要为员工提供在勇敢文化中高效地工作所需的支持。当公司的领导们了解了员工之间的关系，掌握了激励员工的方法，才能了解员工真实的处境，激发他们做出突出的成就。最后，让我们分析一下，在领导者想要建立勇敢文化时，哪几种员工会给领导者制造一定的困难。

沉默的受伤者

员工有充分的理由不信任领导者，并不是因为领导者做错了什么，而是他们在此之前的几份工作中遇到的领导者滥用了他们的信任。之前的领导者虽然告诉员工公司花钱雇他们不需要他们来思考，但却窃取了他们的想法，将其归功于自己。而现在，作为他们现在所工作公司的领导者，无论是否公平，都要接纳员工之前的工作经历给他们附加的所有思想负担。

作为领导者，首先要帮助沉默的受伤者重建信任。虽然这需要一定的时间，但一旦建立了这种信任，他们会因此成为最忠实的团队成员。领导者要从小事做起，提出一个勇敢问题，并用感谢的态度耐心听取员工的答案；继而提问更深层次的问题，用尊重的态度回应，因为他们的回答可能会令人不快；庆祝员工的进步，慷慨地表达赞扬，继而鼓励员工多表达自己的想法，解决更多的问题，从而更好地为客户服务。

一旦完成了上述的步骤，便可尝试与那些沉默的，执着于过去受伤的经历的员工进行对话（"我想知道我是否做了任何辜负了你信任的事情？我们是否可以一起忘掉伤害，共同前进？"）。

当卡琳与她的销售团队一起扭转团队的士气，转而采用向小企业销售的策略时，她的团队中也有一些沉默的受伤者不太配合。但最令人满意的转变是，随着时间的推移，卡琳甚至与团队里所有人都建立了信任，因为他们也完全掌握了清晰度与好奇心的循环，团队成员的能力也得到了提升。

沉默且内向的员工

当我们与一家人才发展公司的首席执行官讨论勇敢文化时，她停顿了一下，看起来若有所思，然后和我们分享了她的团队中一位较为沉默的成员。

他从没有提出过太多的想法，但这并不是因为他害怕。我花了一段时间才明白他是想要考虑得更全面。他想弄清楚这个想法是否有价值，并在表达自己的想法之前，希望能够透彻地研究所有的细节。我意识到，即使公司的工作节奏异常快，如果我希望听取他最具创新性的想法，我也必须想办法放慢谈话的速度。

这类员工之所以沉默，是因为他们大多都是安静且内向的人，很难表达自己的想法或感受。如果你是一个富有表现力、热情洋溢的领导者，经常召集团队成员互相交流，并且真心希望听取员工的意见，但是他们没有与你深入交流，那么你会感到沮丧。他们也可能会感到沮丧，因为当他们决定要表达自己对这个话题的看法时，谈话往往已经推进到了下一个话题。

若想要沉默且内向的员工贡献巨大价值，首先要留给他们足够的时间思考。这意味着你要提前一两天告诉他们开会要讨论的主题，并要求他们就此进行思考。在某些情况下，简单地让每个人先写下自己的想法，能够帮助他们留出足够的时间思考相关的话题。还有一种方法是你明确表明自己并非要求大家表达一个经过深思熟虑的完全准确的答案。沉默且内向的员工有时之所以不表达任何想法是因为他们不想犯错。当你问他们此时此刻的最佳想法或一系列想法时，给他们留够思考的时间，不要让他们觉得必须给出一个"正确"的想法。

完全按照自己想法做事的员工和专注于自己工作的员工

在公司里，有的员工有自己坚定的做事方法。这些员工通常表现出色，他们只按自己的想法做事。具有此特征的员工可能个人业绩非常出色，但很难与其他人合作。

与这个群体的人交谈可能较为困难。毕竟，他们很优秀，鉴于过去的工作表现非常突出，他们也认为自己很优秀。领导者需要根据这类员工的目标来组织谈话，或许能激发他们分享自己的想法。如果他们想承担更多的责任或提高自身的影响力，那么谈话的内容则需要围绕他们需要练习和展示的人际交往能力。如果他们想提高自己的业绩表现，那么他们想要谈论的是客户和自己的想法。作为此类员工的领导者，你可以在对话中强调两点：①公司的成功在于每位员工的想法和勇敢地表达自己的意见；②你在意他们的职业生涯并希望他们成功。这两点就是你进行这次谈话的原因。

若想激发"专注于自己的工作"的高绩效者分享自己观点，另一种有效的策略是"重新定义他们的工作"。要求他们思考一些勇敢问题，例如：

- 哪些事情会激怒你的客户？哪些事情又会让他们感到满意？
- 哪些事情让你的团队感到沮丧或充满活力？
- 你的上司会因为哪些事情感到紧张？又会被哪些事情激励？
- 为什么周围的同事士气如此低落？

一旦他们找到了痛点或动机，便可以要求他们探索一些能够使客户和同事生活变得更好的小方法。他们可以改进哪些流程？他们能解决什么问题？对于这个群体中的某些人来说，单纯反思这些问题，就能改变他们的观点并重新调整他们的领导方式。

只会按照领导者吩咐做事的员工

有几种类型的员工始终只想被告知该做什么。第一类是刚刚谈到的沉默的受伤者，他们认为按照指示办事能够获得安全感。领导者征求他们的意见，却又批评、驳回他们的观点，甚至会因此惩罚他们，这令他们非常沮丧。这类员工有一个共同的口头禅"拜托领导不要再要我了"。与应对其他沉默的受伤者一样，花时间利用一些简单的方法重新获得他们的信任，证明你是认真地想要征求大家的意见。

第二类是希望领导者"告诉我该做什么"的员工，他们只会做那些过去使他们成功的事情。在大部分的学校和公司里，只需遵循指示就可以较好地完成工作。大部分员工也正是因为这样的特点才得到了现在的工作。这些员工面临的挑战，也正是全世界各地的公司所面临的挑战：世界瞬息万变，计算机在完成被安排的任务时，比人的效率更高。

对于这类员工，作为领导者的你可以采取以下三个步骤。第一步，讨论不断变化的工作性质以及公司如何才能蓬勃发展。第二步，重新定义他们所在职位的成功标准。实际上，你依然是在满足他们"被告知该做什么"的需求，但是却是以另外一种方式迫使他们考虑公司面临的机会和问题。第三步，培养他们表达想法的能力。

正如我们在第三章中所分享的那样，40%的受访员工表示他们没有信心分享自己的想法，45%的受访员工表示他们的公司目前没有提供解决问题和批判性思考的相关培训。这些都是"告诉我该做什么"的员工共同面临的问题。以下是我们认为最有效的应对以上挑战的方法。

帮助员工表达想法（IDEA）

如果你想要听到员工更好的想法，则需制定相应的标准，使员工了解好的想法应该是什么样的。当他们能够全面地考虑到以下这四个元素时，他们的想法才更有可能被采纳，并产生相应的影响。

● I—有趣（Interesting）。为什么这个想法很有趣？它解决了什么战略问题？这个想法能够提升哪些要素（客户体验、员工保有率、工作效率）？

● D—可行（Doable）。这个想法是否切实可行？我们如何实践这一想法？哪些因素会使得实践这一想法变得更容易或更困难？

- E—参与（Engaging）。我们需要与谁合作才能实践这一想法？为什么需要他们的支持？我们最有可能在哪里遇到阻力？

- A—行动（Actions）。要实践这一想法，最重要的行动是什么？我们将如何展开行动？

> **团队鲨鱼坦克™（SHARK TANK™）式比赛**

实践是建立信任最好的方法之一。如果你的员工在创新和解决问题方面遇到困难，可以利用IDEA框架，帮助团队所有成员表达出自己最好的想法。此外，还可借助鲨鱼坦克式的比赛使团队听取和讨论彼此的想法，并进行投票。

九大问题训练

帮助那些只会按照领导者吩咐做事的员工的另一种方式是，培养他们的批判性思维和解决问题的能力。虽然规定员工在既定的时间内做必须做的事情会给员工一种紧迫感，但也可能会带来较大的成就感。不过，公司很难通过这样的做法取得长期的成功。当你替团队解决问题，而不是与团队一起解决问题时，实际是在教员工停止思考。即使在危机时期，也要花点时间放慢脚步，与团队成员共同应对挑战。不要做英雄，而要做培养英雄的领导者。

当员工不知道如何解决问题时，如果你一贯秉承"不要带着一个没有解决方案的问题来见我"这样的管理学中的陈词滥调，那么你的团队成员将不会再向你反映任何问题。以下九大问题训练可以帮助作为领导者的你腾出更多的时间，提高员工独立思考和解决问题的能力。

（1）员工的目标是什么？从一开始就检查员工的理解程度并确保团队成员明确任务的内容并专注于正确的目标。

（2）员工做过哪些尝试？这个问题可以确保员工不会花时间重复尝试已经尝试过的方法。此外，这个问题还会要求员工在请求帮助之前做出相应的努力。

（3）发生了什么？询问已经尝试过的解决方案所带来的影响，以此了解当下的情况。有时，仅仅是谈论尝试过哪些解决方案，就能帮助员工找到新的解决方案。

（4）员工从中学到了什么？提出这个问题，实际是要求员工反思他们的经历。通常情况下，反思发生了什么以及自己从中吸取了哪些教训会激发新的方法。

（5）员工还需要什么？这一问题用来确认是否需要向员

工提供额外的培训或帮助。有时员工会说："如果我知道如何使用数据透视表，我想我可以完成这项任务。"如果是这样，那就太棒了，你可以联系电子数据表的专家对其进行快速培训，推动员工的工作进展。

（6）员工还能做什么？现在是时候让他们思考一些新的选择。当你问这个问题时，通常会听到两种答案。员工要么会说"我不知道"，要么会说"好吧，我想我可以尝试A或者我可以尝试B。"如果员工说"我不知道"，我们会在第九个问题讨论这种情况。但现在，让我们假设他表达了某种选择。

（7）如果选择尝试A，员工认为会发生什么？如果尝试B，又会发生什么呢？问这个问题其实是在要求员工思考他们提出的解决方案会引发哪些可能的后果。与此同时，还能让你深入了解他们的想法，帮助他们思考他们所给出的选择中的可行或可取之处。

如果员工遗漏了某些关键信息，你只需要对其进行补充，而无须告诉他们该怎么做。比如，你可以告诉员工："你还需要了解的其他因素是客户是否认为这是一个重要的特性。"

（8）员工接下来将做什么？这是你一直想要引导员工思考的关键步骤。帮助员工回顾事实、反思他们学到的东西、思考替代方案以及每个选择所带来的可能结果等，目的是使团队成员决定采取哪种解决方案。

当他们决定选择某一解决方案后，就会为此承担责任。如果他们选择的解决方案看上去就是一个明显荒谬的选择，可以让他们阐明为什么他们认为这是最好的选择。如果他们不了解其他一些影响决策的因素，你也可以在他们做决策时帮助他们理解和考虑相关的因素。

（9）第九个"什么"。你一定想知道，如果员工用"我不知道"回答你提出的第六个问题时，该怎么做。"我不知道"其中包含了很多意味，并不意味着这位员工从未思考过这个问题。更多时候，你可以把"我不知道"理解为：

"我不确定。"

"在我明确你的立场之前，我不想表明自己态度。"

"我还没想好。"

"你能告诉我该怎么做吗？"

"我怕弄错了。"

作为领导者，你的工作是继续对话，缓解他们的焦虑，帮助他们放松下来。当员工说"我不知道"时，你的第九个问题是："假如你知道该怎么做，你会采取什么做法？"问出这个问题后，两秒前还不敢表达的员工就会开始分享自己的想法，集思广益，继而推进问题的解决，就好像他们从未忌惮过一样。在你尝试问出这个问题之前，自己都不敢相信这个问题会带来这么惊人的影响。

这个问题之所以有效，是因为它从根源上解决了员工"我不知道"的问题。如果他们感到焦虑或害怕，则需要用试探性的语言减轻对方的压力："如果你知道的话……"现在，员工无须有了确定的答案或得到你的批准，便可以自由地分享任何想法。

如果某位员工没有考虑过这个问题或者根本不愿意考虑这个问题，则可以帮助他了解思考这个问题实际需要花费的精力。告诉他，你并不是要求他就这个主题发表长篇大论，只是口头上聊聊"你会做什么？"

当负面情绪得到缓解后，大脑则可以释放惊人的想法。当你能够缓解员工的负面情绪后，便可以训练他们的大脑进行思考、突破一般的障碍，提高自身的表现。最终，他们能够自行反思这些问题，并且只在遇到非常严重的问题时才会向你寻求帮助和解决。

通过这样的做法，你可以提高员工解决问题的能力，腾出时间专注于自己的工作，并且也借此培养了新的领导者！

想法掷弹兵

有些员工可谓创意机器，他们的大脑不断地思考各种可能性。几乎每个团队都有一个能够创造性地看待正在发生的事情，能够看到进步或变革的机会的人。如果一个有想法的员工开始把他所有的想法告诉你，希望你能实践他的想法，但他自己却不愿意实践这些想法时，挑战就出现了。这类员工就是所谓的"想法掷弹兵"，他们像扔手榴弹一样把所有的想法告诉你，但自己却不采取任何行动，转而去做别的事情。

当你与这样的人一起工作时，最有效的方式就是直接与其对话，要求他们关注并参与最重要的任务。例如：

"我注意到，在过去的一个月里，你一共向我提出了四个不同的想法，这些想法涵盖了公司应该如何提高安全性、改进培训计划、改变员工管理方式和重组产品管理。虽然这四点想法各有道理，但公司不能一次性实践四种想法。你认为这其中的哪一个想法最有助于实现公司的首要战略重点？你是否愿意参与其中？"

创造者

创造者普遍对勇敢文化循环的好奇心阶段有着强烈的偏好，他们喜欢做自己认为的"真正的工作"，即开发新产品和服务。但他们讨厌烦琐的流程，也不喜欢文书工作。创造者抵制为了实现"清晰度"而做的所有案头工作，认为这些工作是一种限制，令人压抑和窒息。

大卫认识鲁斯（Russ）时，他在一家位于旧金山湾区（Bay Area）的软件公司担任高级项目经理的职位。与此同时，他也是基层团队的一员，正在努力帮助他的公司完成清晰度和好奇心的循环。鲁斯解释了他和他的团队如何与创造者合作，共同整合公司的"清晰度"的流程：

公司历来有重视创意的传统。对我们来说，只需要明确创造力和清晰度之间的界限。所以，当客户要求我们完成各种新工作时，我们的团队会迅速行动，告诉客户："没问题，我们的工作包您满意，您甚至会惊讶于我们完成得如此出色。"但实际上，我们需要做出大量的努力才能够提供高质量的产品。提高质量的过程可能会令人沮丧。于是我们开始引入保证产品质量的新机制，员工必须花时间思考这一新的机制，以及如何利用这一机制，而不仅是提出创造性的问题以及思考可以做哪些炫酷、花哨和惊艳的事情。虽说刚开始并不顺利，但的确也带来了一定的积极影响。当大家对这一机制习以为常后，工作时就无须再额外思考这一机制，便可以更有创造力地完成工作。

起初因为必须将某些机制考虑在内，员工自然会觉得很麻烦，但遵守机制便会成为员工的习惯，成为公司文化的一部分。就像你开车时不会一直想"我必须打转向灯吗？"转弯时，你会自觉地减速，打开转向灯，然后才转弯。转弯后，你就已经在考虑继续开一英里后会到哪里以及如何到达目的地。当员工体验过有价值的机制后，他们会意识到当下的一点点改变，这有助于节省以后的精力，帮助团队更快、更有创造力地完成工作。

夸夸其谈的员工

大多数公司里，都有一些爱夸夸其谈的员工，大家都很喜欢他们，因为他们经常谈论一些伟大的计划。但是当需要完成任务时，不知何故，这类员工从未实施过他们当初提出的伟大设想。在勇敢文化中，夸夸其谈的员工会破坏员工的信任。他们分享的想法缺乏可信度，而且公司也不太可能将好的想法告知这类员工，因为他们根本不会将想法付诸实践。

对付那些喜欢夸夸其谈的员工的最佳策略是忽略他们的伟大设想，只关注结果。与他们对话的过程中，只关注责任以及如何帮助他们提升参与度。当你和他们交谈时，他们一定会解释他们为什么没有完成任务。如果他们一再这样，则需要与其进行严肃的对话。例如："这是我们第三次进行这样的对话。大家已经不再相信你了。你说得很好，但如果你不能将你的想法付诸实践，你的团队就无法依赖你，当然我也无法依赖你。我们如何才能让你实践你的想法，完成你的工作呢？"

吸氧者

另一种令人头疼的员工是那些使所有的参会者都感觉大脑缺氧的人。他们经常滔滔不绝、说话声音过高，言语太过激烈，以至于其他员工根本没有机会表达自己的观点。这些员工会引发一系列负面事件，比如破坏有益的对话，浪费时间在一些不相干的任务上。吸氧者通常意识不到自己的行为会给其他的员工带来负面影响。所以，你需要主动地建立一种机制，约束每位员工发言的时间。

直接对话是帮助吸氧者最直接的方式。向他解释，为了确保每个人都能公平参与会议，你将换种方式召开本次的会议，并具体说明你将做出哪些改变。例如："我会对所有人的发言计时，以确保每个人都有发言的机会。"或者说，"等我询问了一些比较安静的团队成员的观点之后，再邀请你发言。"

拒绝做出改变的员工

最后，我们聊聊那些拒绝做出改变的员工。虽然你自己对于新的解决方案或策略充满了热情，但你的热情却无法感染那些安静的、不愿做出改变的员工，并且团队的成员也会提出不同的实际困难，以及客户因为哪些原因不喜欢新的解决方案或策略。为什么他们不能理解其中的好处并推进新的策略？员工不愿做出改变会让许多领导者感到挫败，但实际上没有必要如此。事实上，这种阻力也意味着有机会培养员工的好奇心并帮助员工建立认同感。

员工不愿做出改变并不一定是因为他们懒惰、消极，更不会是因为要与领导者"对抗"。反之，他们的反应非常正常，抵制变化有时候也意义重大。毕竟，如果昨天的做法奏效了，可以使公司继续生存、获得收益、安全地度过一天，为什么还要花精力去做出改变呢？如果没有充分的理由，员工会认为这是浪费时间。为了扭转员工的错误想法，首先要了解实际存在的问题，而不是率先提出解决方案。如果率先提出了解决方案，实际是破坏了团队对你的理解和联系，而正是这种理解和联系促使员工付诸行动。

所以，你只需提出问题后稍做暂停，使员工有时间对问题进行深入思考，随后再询问他们的想法。这样的做法有助于员工从自己的角度深入思考问题。继而，与你共同探讨这一问题会带来哪些后果，以及它如何与其他问题相互影响。员工有了愿望或不满才会真正做出改变。通过提出问题、引发员工的思考，便可与员工建立相同的情感联系，继而才能快速采取行动。在与团队讨论问题的过程中，员工可能会询问你认为应该如何解决。当被问道："你认为我们应该怎么做？"时，千万要忍住立刻回答这一问题的冲动。相反，继续询问他们的想法。他们可能会提出一些你从来没有考虑到的想法，或者他们得出的解决方案和你经过深思熟虑的解决方案一模一样。不管怎样，你已经培养了员工的好奇心，使员工倾情参与，也激发了员工的动力。

你或许认为，这个过程需要花费大量的时间，事实也确实如此。但只需要花费15分钟到30分钟的时间，就可以避免几天、几周甚至几个月的拖延和迟疑。团队也因此充分了解了问题所在，也制订了解决方案。员工也已经明确了出现问题的原因，并已经做好了行动的准备。即便投入了一定的时间成本，但可以解决一般意义上员工拒绝改变的原因。

几点注意事项：

● 如果你怀疑某位员工因为担心会失去某些东西（地位、金钱、舒适）而拒绝改变，就需要单独解决他的问题。也许出于某个更重要的原因，这些员工才会认为做出妥协是值得的。

或者他们能够意识到，在瞬息万变的世界里，变化才是常态。千万不要忽视这些个人的损失，因为他们的确遭遇了实际的损失。若无法妥善地解决，会显得你作为领导者毫不通情达理。

● 有时你需要快速采取行动。与员工的联系越多，他们越了解变革背后的原因，当你必须说出"相信我，我们稍后再讨论"的时候就能获得更多的支持。

在应对以上各种挑战的过程中，你的行动和对话为员工提供了参与勇敢文化的机会。但有些员工不想参与勇敢文化，这也无可厚非。如果员工告诉你，他们无法达到你所要求的水平，或者他们不想调整自己的风格，作为领导者，你首先要感谢他们的诚实，尊重他们的选择，如果他们想辞职，真诚地帮助他们制订辞职计划。

- -

首次尝试练习

- -

团队勇敢文化清单

🤝 **目标**

● 反思如何最好地利用团队所有成员的优势和成长机会。

● 明确未来招聘的员工需要弥补现有团队的哪些不足。

🤝 **所需时间**

30 分钟到 60 分钟，具体用时取决于团队人数的多少。

🤝 过程

在你思考如何利用自己的各种才能建立勇敢文化时，最好将团队视为一个整体。团队勇敢文化清单能够帮助你清晰地找准自己的优势，明确自己还需要努力发展哪些方面的核心竞争力。

你可以利用下方的坐标轴考量团队成员的清晰度和好奇心。完成在清晰度和好奇心的两个坐标轴的打分后，即可确定员工目前的情况。随后，在图14-1中，找到该员工在横纵坐标轴的交点。继而采取相同的步骤完成对所有员工的评分。

请利用以下标准为员工的清晰度评分：

1分——丝毫不理解最重要的任务是什么，没有关注关键的成功行为，很少或几乎没有承担团队责任。

10分——极度关注成功的标准，理解并做出了关键的成功行为，努力为团队负责。

请利用以下标准为员工的好奇心评分：

1分——忽略问题或将问题转嫁给他人。未曾表达过可以提升团队或更好地为客户服务的想法。

10分——不断探索提升公司优势、解决问题和更好地服务客户的方法。提出有见地的问题，并经常提出相关的、有意义的想法。

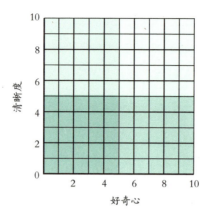

图14-1　考量团队成员清晰度和好奇心

　　一旦你在坐标轴上标记出了所有团队成员的位置，就可以观察呈现出的图形。首先，让我们看看两种符合勇敢文化的图形（图14-2、图14-3）：

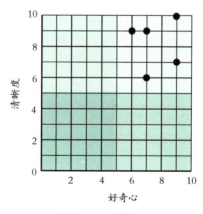

图14-2　团队1

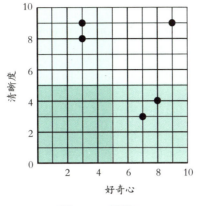

图14-3　团队2

　　这两个团队都表现出了清晰度和好奇心。团队1的成员很平衡，两方面的得分都较高。团队2的有些成员在清晰度坐标的得分较高，而有些成员在好奇心坐标的得分较高。如果将这两种元素结合在一起，并且你能帮助团队依次利用这两种优势，那么该团队也就具备了有利于建立勇敢文化的要素。但或许你需要有意识地采取某些措施才能帮助团队成员看到彼此的价值。

　　如果你绘制出的图形看起来像以下两幅坐标（图14-4、图14-5）的图形，说明你的团队专注度不够，需要下大力气培养团队的专注度。你可以以身作则，利用本书中的方法教会员工专注，或者也可以聘请专注度较高的员工。

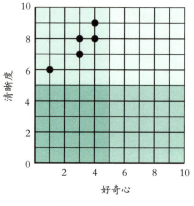

图14-4　团队3

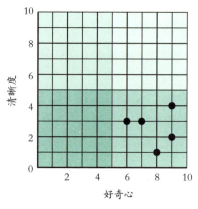

图14-5　团队4

如果你对团队成员的打分呈现了类似团队5（图14-6）的图形，则需要专注于员工的发展。首先从培养员工的清晰度开始（参见第七章中的首次尝试练习）。一旦奠定了清晰度的基础，便可以开始着手开始培养员工的好奇心（使用第八章中的首次尝试练习）。

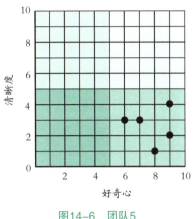

图14-6 团队5

将团队成员的评分绘制到相应的坐标后，你将如何帮助他们在清晰度和好奇心的两条坐标轴上都能够拿到高分？

第十五章

勇敢文化的

未来

———

我相信，比纪律和创造力更重要的是……
敢想敢做。

——玛雅·安吉罗（Maya Angelou）

当完成了关于勇敢文化的一系列项目回到家后，我们通常都会坐在火炉旁，仔细阅读和反思这些学员交上来的数百份手写的便签，他们在其中分享了自己在工作中最勇敢的行为。

那一刻，他们的内心充满了自豪和希望，他们捍卫了自己的价值观、坚定了自己的立场。在你读完本书之后，我们希望你也能花点时间回忆一下自己的勇敢地图，铭记那些勇敢时刻以及为什么这些时刻如此的重要。

当然，每一叠便签总有一些让我们泪流满面或愤怒的故事。这些故事的主人公不仅需要被迫应对内心受到的伤害，还需要面对我们在任何的工作场所、非营利组织、政府机构或家庭中都不应该面对的有害行为。这些勇敢时刻的共同点是人们在做出这些勇敢行为的那一刻都会感到异常的孤独。

勇敢常常被误解成一种孤独的行为：在没有人愿意发言的时候表明自己的立场；做第一个对领导者说真话的人；成为第一个做领导者认为做不到的事情的人。

其实恰恰相反，勇敢一定不是孤独的行为。事实上，孤独的勇敢行为常常徒劳无功。

在这段旅程中，作为领导者，你有时会感到异常的孤独。当你感到孤独的时候，不要把它当作荣誉徽章，而是找到其他和你一样勇敢的人。我们保证你一定能够发现其他和你一样勇敢的人。我们每天在与我们合作的各个公司里，都能找到勇敢的员工并与他们交谈。他们都能完成重要的任务，你也可以。每天醒来时，都要回顾清晰度和好奇心的循环，做到"敢想敢做"。

当你周围的同事都认为沉默不再安全，努力才是一切时，你很快就会发现隐藏真相比勇敢地说出真相更令你感觉孤独。不要忘记你的一举一动都会受到团队的关注。当你捍卫团队成员和客户的利益时，他们自然会认为自己正在效忠一家很有前途的公司。这样的做法也会让其他员工做出勇敢的表现，完成应该完成的任务，也能互相鼓励。这就是真正的勇敢文化的悖论：公司的文化越勇敢，个人需要表现的勇气就越少。

在此过程中，你或许认为首次尝试练习是最困难的，但这种尝试也的确是最有价值的。那些孤独的脚印会逐步形成一条精心铺设的勇气和希望之路，你的员工也会在这条路上追随你的脚步前进。这就是勇敢文化的力量。

创建勇敢文化小结

（1）引导叙事。借用自己的勇敢时刻激发员工对未来的信心。

（2）理清思路。建立安全、方向和信心的基础。

（3）培养好奇心。有意识地激发员工的想法、鼓励参与和制定解决方案。

（4）用尊重回应。认可和赞扬员工表达的想法，欢迎员工表达更多的想法。

（5）践行原则。找到能够推广本地化最佳实践的通用想法。

（6）激发员工才能。激发员工的动力，维持成功，避免回到旧的行为模式。

（7）建立支持勇气文化的基础制度。为了勇敢文化的建立，调整公司的制度和流程。

一 参考文献

他序

1. Robert I. Sutton, "Some Bosses Live in a Fool's Paradise," *Harvard Business Review*, June 3, 2010. Accessed at https://hbr.org/2010/06/some-bosses-live-in-a-fools-pa.

2. C. F. Bond Jr. and E. L. Anderson, "The Reluctance to Transmit Bad News: Private Discomfort or Public Display?" *Journal of Experimental Social Psychology*, 23 (1987), pp. 176–187.

3. See Chapter 2 in A. C. Edmondson, *The Fearless Organization: Creating Psychological Safety for Learning, Innovation and Growth* (New York: Wiley, 2019).

4. A.C. Edmondson, "Psychological Safety and Learning Behavior in Work Teams," *Administrative Science Quarterly*, 44(4) (1999): pp. 350–383.

5. Edmondson, "Psychological Safety and Learning Behavior in Work Teams,"pp. 350–383.

6. Edmondson, "Psychological Safety and Learning Behavior in Work Teams,"pp. 350–383.

7. See Chapter 7 in A. C. Edmondson, *The Fearless Organization.*

第一章

1. Seth Godin, "People Like Us Do Stuff Like This," *Seth's Blog.* Accessed October

27, 2019 at https://seths.blog/2013/07/people-like-us-do-stuff-like-this/.

2. We have changed the names of these leaders.

第二章

1. Steve Blank, "Why Companies Do 'Innovation Theater' Instead of Actual Innovation, *Harvard Business Review*, October 7, 2019. Accessed at https://hbr.org/2019/10/why-companies-do-innovation-theater-instead-of-actual-innovation.

2. Aaron Smith and Janna Anderson, "AI, Robotics, and the Future of Jobs," Pew Research Center, August 6, 2014. Accessed September 15, 2019, at http://www.pewinternet.org/2014/08/06/future-of-jobs/.

3. Jennifer Liu, "AI Is Changing How Much Workers Trust Their Managers—and That Could Be a Good Thing," CNBC, October 15, 2019. Accessed at https://www.cnbc.com/2019/10/15/ai-is-changing-how-much-workers-trust-their-managerswhy-thats-good.html.

4. "US Business Leadership in the World in 2017," PriceWaterhouseCoopers. Accessed June 10, 2019, at https://www.pwc.com/gx/en/ceo-survey/pdf/20th-global-ceo-survey-us-supplement-executive-dialogues.pdf.

5. "How Many Gig Workers Are There?" Gig Economy Data Hub. Accessed October 1, 2019, at https://www.gigeconomydata.org/basics/how-many-gig-workers-are-there.

6. Entrepreneur Staff, "41 Percent of Generation Z-ers Plan to Be Entrepreneurs (Infographic)," *Entrepreneur*. Accessed August 23, 2019, at https://www.entrepreneur.com/article/326354.

第三章

1. T. S. Eliot, "The Love Song of J. Alfred Prufrock," from *Collected Poems 1909–1962* (1963). Accessed January 6, 2020, at https://www.poetryfoundation.org/poetrymagazine/poems/44212/the-love-song-of-j-alfred-prufrock.

2. Amy Edmondson, *The Fearless Organization* (Hoboken, NJ: Wiley, 2019), p. 118.

3. Edmondson, *The Fearless Organization*, p. 32.

4. Edmondson, *The Fearless Organization,* p. 4.

5. Khalil Smith, Chris Weller, and David Rock, "Create a Workplace Where Everyone Feels Comfortable Speaking Up," Strategy+Business, May 23, 2019. Accessed June 1, 2019, at https://www.strategy-business.com/article/Create-a-workplace-where-everyone-feels-comfortable-speaking-up?gko=7c8d3.

6. Elizabeth Kensinger, "New Study Suggests We Remember the Bad Times Better Than the Good," Association for Psychological Science, August 28, 2007. Accessed October 12, 2019, at https://www.psychologicalscience.org/news/releases/new-study-suggests-we-remember-the-bad-times-better-than-the-good.html.

7. Jake Herway, "How to Create a Culture of Psychological Safety," Gallup, December 7, 2017. Accessed October 28, 2019, at https://www.gallup.com/workplace/236198/create-culture-psychological-safety.aspx.

8. Peter Holland, Amanda Pyman, Brian Cooper, and Julian Teicher, "Employee Voice and Job Satisfaction in Australia: the Centrality of Voice," Wiley Online Library—HR Science Forum, January 26, 2011. Accessed October

11, 2019, at https://onlinelibrary.wiley.com/doi/abs/10.1002/hrm.20406.

9. Edmondson, *The Fearless Organization*, p. 8.

第四章

1. Karin Hurt and David Dye, *Winning Well: A Manager's Guide to Getting Results without Losing Your Soul* (New York: AMACOM, 2016).

第五章

1. Mark Nepo, *The Book of Awakening* (San Francisco: Red Wheel/Weiser, 2000), p. 217.

2. Smith, Weller, and Rock, "Create a Workplace Where Everyone Feels Comfortable Speaking Up."

第七章

1. Alvin Toffler Quotes, BrainyQuote.com. Accessed January 6, 2020, at https://www.brainyquote.com/quotes/alvin_toffler_130763.

2. Henry King, "5 Ways that Standardization Can Lead to Innovation," Fast Company, August 3, 2011. Accessed October 10, 2019, at https://www.fastcompany.com/1664682/5-ways-that-standardization-can-lead-to-innovation.

第八章

1. John Dore, "5 Keys to Unlock Innovation," London Business School, March 15, 2019. Accessed May 29, 2019, at https://www.london.edu/

lbsr/5-keys-to-unlock-innovation.

第九章

1. Adam Grant, "Why So Many Ideas Are Pitched as 'Uber for X,'" *Atlantic*, February 4, 2016. Accessed Jan 6, 2019, at https://www.theatlantic.com/business/archive/2016/02/adam-grant-originals-uber-for-x/459321/.

2. Mark Murphy, "Research Shows the Quickest Way to Build Trust with Employees," *Forbes*, June 17, 2018. Accessed October 9, 2019, at https://www.forbes.com/sites/markmurphy/2018/06/17/research-shows-the-quickest-way-to-build-trust-with-your-employees/#1d36cc816757.

第十章

1. Amelia Earhart Quotes, BrainyQuote.com. Accessed January 6, 2020, at https://www.brainyquote.com/quotes/amelia_earhart_120932.

2. Eric Karlson, "Retailer Preference Index 2018: Grocery Edition," dunnhumby, January 15, 2018. Accessed October 15, 2019, at https://www.dunnhumby.com/resources/reports/retailer-preference-index-2018.

3. Stephen J. Dubner, "Should America Be Run by... Trader Joe's?" Freakonomics Radio, November 28, 2018. Accessed October 13, 2019, at http://freakonomics.com/podcast/trader-joes/.

4. "It's About the Values," Inside Trader Joe's Podcast, May 1, 2018. Accessed October 12, 2019, at https://www.traderjoes.com/TJ_CMS_Content/Images/Digin/pdfs/InsideTJs-Episode2-Transcript.pdf.

5. Deena Shanker and Lydia Mulvany, "The Curse of the Honeycrisp

Apple," Bloomberg, November 8, 2018. Accessed October 12, 2019, at https://www.bloomberg.com/news/articles/2018-11-08/the-curse-of-the-honeycrisp-apple.

第十一章

1. J. R. R. Tolkien, *The Hobbit* (New York: Ballantine Books, 1965), p. 77.

2. Oxford Dictionaries, s.v. "galvanize." Accessed October 21, 2019, at https://www.lexico.com/en/definition/galvanize.

3. Brené Brown, *Rising Strong: How the Ability to Reset Transforms the Way We Live, Love, Parent, and Lead* (New York: Spiel-Grau, 2015), Kindle edition, p. 290.

第十三章

1. Fred Rogers, *A Beautiful Day in the Neighborhood* (New York: Penguin Books, 1994), p. 92.

2. Edmondson, *The Fearless Organization*, pp. 16–17.

3. Adam Grant, "Are You a Giver or a Taker?" TED, November 2016. Accessed October 17, 2019, at https://www.ted.com/talks/adam_grant_are_you_a_giver_or_a_taker/transcript?language=en.

4. Nicole Torres, "It's Better to Avoid a Toxic Employee Than to Hire a Superstar," *Harvard Business Review*, December 9, 2015. Accessed October 17, 2019, at https://hbr.org/2015/12/its-better-to-avoid-a-toxic-employee-than-hire-a-superstar.

5. Randall Beck and Jim Harter, "Managers Account for 70% of Variance in

Employee Engagement," Gallup, April 21, 2015. Accessed August 2, 2019, at https://news.gallup.com/businessjournal/182792/managers-account-variance-employee-engagement.aspx.

6. "Ninety-Eight Percent of U.S. Managers Want Better Management Training," Cision, September 28, 2016. Accessed October 27, 2019, at http://www.prweb.com/releases/2016/09/prweb13719059.htm.

7. Ray Dalio, *Principles* (New York: Simon & Schuster, 2019), Kindle edition, p.328.

8. Ray Dalio, "How to Build a Company Where the Best Ideas Win," TED, April 2017. Accessed October 20, 2019, at https://www.ted.com/talks/ray_dalio_how_to_build_a_company_where_the_best_ideas_win/transcript.

第十四章

1. Brene Brown, *The Gifts of Imperfection* (Center City, MN: Hazelden, 2010), p. 61.

第十五章

1. Linda Wagner-Martin, *Maya Angelou: Adventurous Spirit* (New York: Bloomsbury, 2016), p. 166.